ミラクル

受心験

「志望校合格」
必勝バイブル

への道

大川隆法

まえがき

「教育の法」として、何冊かの関連本を出しているが、本書は、特に、受験で心理的に追い込まれている人たちへの「救済本」である。大学受験を念頭には置いているが、人生最初の大勝負ではあろう。

身分制社会ではない民主主義社会の今、学歴が一生抜けない入れ墨《ずみ》のようになって、現代の階級を決めているという考えもある。しかし、私の率直な感想を言わせていただくと、受験や大学名のことばかり一生考えているようでは、実人生での成功は難しい。

受験の機会をとらえて、時間管理術や集中力増強法、暗記力鍛練法をマスターして、その後の人生の成功につなげたいものだ。

私自身は東大法学部を卒業することで人生のスプリング・ボードができた。受験はチャンスだ。しかし、成功への道は、努力の継続であることもまた忘れてはなるまい。

二〇一三年　七月十八日

幸福《こうふく》の科学《かがく》グループ創始者兼総裁《そうししゃけんそうさい》　大川隆法《おおかわりゅうほう》

ミラクル受験への道
「志望校合格」必勝バイブル
目次

4 勉強の仕方ひとつで、これだけ差がつく 44

5 論理的に書き、分析的《ぶんせきてき》に読む方法 55

第2章　大学受験と人生の成功

第3章 受験で迷わないための実践《じっせん》アドバイス【質疑応答編】

2 東大に合格するための具体的ノウハウ 150

第1章

ミラクル受験への道

2011年11月16日
東京都・幸福の科学 総合本部にて

1　受験は「締《し》め切り」のある戦い

一定の時間内で成果をあげるのが受験

本書の読者のみなさんは十代の人が多いと思いますが、そろそろ受験を真剣《しんけん》に考えなければいけない時期に差し掛《か》かっているのではないでしょうか。

私にとっては、もう、ずいぶん昔のことなので、受験の話をするのは少し苦しいというか、切ないところがあるのですが、宗教家というものは、何でも答えて、何でも話をしなければいけない立場にあります。UFOの飛び方から受験の仕方まで(笑)、やはり幅《はば》広く話ができなければいけないので、「逃《に》げては通れない」というところがあります。

ただ、私は、「受験で身につける学力は、宗教にまで及《およ》んでくるのだ」ということを証明している一人ではないかと思っています。

他《た》の宗教と幸福の科学を比べてみれば、明らかに違《ちが》うものがあります。それは、「学問の力のようなものが相当働いている」というところです。それが、幸福の科学の「幅の広さ」や「現代性」「先見性《せんけんせい》」などにつながっているのではないでしょうか。受験勉強から世界人類救済への道までつながっているのではないかと、私は考えています。

受験時代に、選《よ》り好みもなく、いろいろな科目を幅広く勉強していたことが、人の好き嫌《きら》いがあまりなく、いろいろな考え方を飲み込《こ》んでいくという、今の私の考え方に通じているような感じもしています。

それは、好奇心《こうきしん》や関心が幅広くあるということです。そういうことが言えるかと思います。

ただ、「受験」ということになると、いわゆる「人生をかけての学問の追究」とは違って、ある程度、時間的な限界があるので、一定の時間内で成果をあげなければいけないという意味での難しさはあるでしょう。

受験は勉強の〝仕事レベルのやり方〟を試している

本書は、大学受験を念頭に置いていますが、中学受験、高校受験、模試も含《ふく》めて、受験は、〝十代の戦い〟だと思います。つまり、十代の人たちに、ある意味で、勉強の〝仕事レベルのやり方〟を試しているようなところがあると考えられます。

大人になって仕事をするようになると、〝締《し》め切り〟が必ずあります。ですから、「締め切りまでに、できるかどうか」という見通しを立てなければいけません。どれだけの材料を調べて、集めて、そして、どれだけのものに作り上げていくか。どのようにして締め切りに間に合わせるかということです。

締め切りに間に合わなければ、今までの努力が全部パーッと水の泡《あわ》になってしまうというのが大人の社会での仕事です。締め切りに間に合わなければ、契約《けいやく》が成り立たないので、契約破棄《はき》になって、努力が無駄《むだ》になることがあるし、信用をなくして、取り引きしてもらえなくなることもあります。

幸福の科学でも、映画を作っていますが、映画も、締め切りまでにでき上がらなかったら、上映されません。そうなれば、信用丸つぶれで終わりです。「八割はできていたんだけど」などと言っても、上映されなければ、信用を失います。

受験というものは、ある程度、結論があります。英語で「アチーブメント」と言ってもいいのですが、要は、「到達度《とうたつど》」のことです。

「この学校を目指すのであれば、あるいは、この学部を目指すなら、ここまでの到達度が要《い》る」「受験本番の一月まで、あるいは二月までに、ここまでの到達度が必要だ」というものが、やはりあるのです。

今までの勉強はどこまでできているのかを見て、受験本番日から逆算して、残り時間のなかで、どうやり繰《く》りして、何をどうしたら、必要な到達度に近づけられるかということを考えなければなりません。

だから、ある意味で、受験は、締め切りのある仕事を詰めていくような勉強の仕方を教えているのだと思います。

子供にはそれができないため、塾《じゅく》の先生や予備校の先生、学校の先生など、いろいろな方が生徒を〝鞭《むち》打って〟頑張《がんば》らせているというのが今の状況《じょうきょう》ではないでしょうか。

ところが、人それぞれに向き不向きがあるので、基本的には、誰《だれ》にでも通用する受験勉強の仕方というものがあるわけではないのです。

2　模試で自分の実力を見定める方法

模試の判定結果に一喜一憂《いっきいちゆう》することはない

最初に、一言《ひとこと》言っておきますが、本章は「ミラクル受験への道」ということで、「宗教的に少しはミラクル（奇跡）を起こさなければいけない」と考えてはいるものの、やはり基本に立ち返ると、本道の学力でもって、正当に合格するのが、いちばんいいと思います。

無理をして、あまりにもミラクルを起こしすぎた場合、または、あまりにもひどい結果を出しすぎた場合、のちのち性格が少しねじ曲がる傾向《けいこう》があります。

なるべく、受かるべくして受かる範囲内《はんいない》で進んでくれるほうがいいと、私としては思っています。

これは、「もうすぐ受験です」というギリギリの人に対しては、もう言っても通らないことですが、まだ時間的に余裕《よゆう》のある人は、できればそのように思っていただきたいのです。

できたら、正々堂々の横綱相撲《よこづなずもう》で勝負をしていただきたいのですが、〝締《し》め切り〟が近づいている人に関しては、無理なことでしょう。

「先生、ここまで来たら、そんなことは言わずに、肩透《かたす》かしでも蹴手繰《けたぐ》りでも、何でもいいから教えてください」(笑)というようなこともあるでしょうから、そういう話もしようと思います。

大学受験で言えば、秋になると、模試が連発されて、各志望校の合格判定が、A、B、C、D、Eくらいまで、他人事《ひとごと》のようにいっぱい出ます。そういう判定が出るたびに、がっかりする人はおそらく多いだろうと思います。

ただ、予備校や塾《じゅく》などが良心に恥《は》じることなく、正確に判定を出していると信《しん》頼《らい》した上で見たとしても、この判定は単なる統計上の処理なのです。

例えば、ある学部を二千人が受けたところ、「このくらいの点数以上を取った人は、この学部に何パーセントくらい受かっている」というような統計上の処理にしか過ぎないわけです。

統計学というのは、集合でやると、だいたいそのくらいの感じにはなるのですが、個人一人だけに対しては、必ずしも当たらないのです。

受験者二千人にアンケートを取って、点数とつき合わせてみると、「八十パーセントくらいは受かっているかな」「このあたりの点数では五十パーセントくらいかな」「このあたりは二十五パーセントくらいかな」というのはだいたい出るのですが、個人個人に関しては、必ずしも当たらないところがあります。

このあたりを知っておいてほしいと思います。判定はあくまでも統計上の処理であって、個人に当たるものではないのです。

E判定でも入学できるケースがある

いちばん難しい大学の場合は、もちろん、A判定、B判定あたりの成績を取っている人が受かっていくのが順当でしょう。けれども、今、日本には大学がたくさんあり、定員割れを起こすところもあるくらいなので、実際には、必ずしもA判定やB判定の人ばかりが受かっているわけではないということも知っていただきたいと思います。

A判定、B判定を取っているような人は、その大学よりも、もう一つ上のレベルへ行くケースがほとんどです。

例えば、理工系志望の人であれば、「自分はC判定だったから駄目かなあ」「五分五分くらいかなあ」「D判定だった」「E判定だった」と落ち込《こ》むかもしれません。しかし、A判定やB判定を取っているような人は、残念ながらと言うべきか、幸福なことにと言うべきか、あなたが志望している理学部や工学部に行くのではなくて、医学部にも受かっていて、そちらに行ってしまいます。そうやって、よい判定を取っている人たちが抜《ぬ》けていくのです。

大学などの合格確実ラインというのは、だいたい合格者の平均偏差値《へんさち》になっているのですが、実は、その平均より上のほうの人たちは、みんな違《ちが》う大学に行っているのです。

文系であれば、たいていの人は私立の難関校を併願《へいがん》しているので、合格者のなかでも平均より上の人たちは、その一つ上のレベルの学校に行ってしまうことが多いのです。

その結果、実際に入学してくるのは、C判定から下の人というケースがほとんどです。C、D、E判定あたりの人が実際に入学していて、A、B判定の人でも、本命大学の入試で運悪く実力が発揮できなかった人だけが一部いるということが、わりに多いのです。

だから、必ずしも、模試等で返ってきた判定結果で、萎縮《いしゅく》したり、意気消沈《しょうちん》したりする必要はありません。

模試の結果の受けとめ方

入試の出題形式は、志望校によってずいぶん異なります。そのため、出題形式によっては、ふだんの模試の判定と全然違う結果が出ることがあるので、出題形式の違いにまだ慣れていない場合や、出題形式を知らなかった場合、すごくショックを受けることがあります。

また、模試を受ける〝受験生の群れ〟によっても偏差値は変わってきます。人数は関係なく、どういう群れが受けているかということです。

全国三十万人も受けるという大規模な模試の場合なら、センター試験の結果にかなり近いものが出てくるかもしれません。

しかし、受験生の層が東大模試を受けるような人たちにかぎられてくると、学力の高い人たちの激戦になってくるので、見たことのないような偏差値が出てくることがあります。それは、ふだんの学校の試験では、「こんなことはありえない」と思うような成績です。

偏差値二十いくつとか、三十いくつとか、そういう結果が出たら衝撃《しょうげき》を受けるものですが、東大受験生ばかりが受ける模試でなら、そういう成績が出ます。偏差値三十台や四十台が出て、「ええ？　自分って、こんなにも平均より下だったのか……」と思ったり、偏差値五十が出て、「ああ、自分は平均レベルの人間なのかな」と思うくらいショックを受けるのですが、それは、そういう群れでの模試なので、しかたがないのです。

また、学力の伸《の》びには早い遅《おそ》いがあるので、その模試で出た判定が、そのまま受験本番の結果に出るとはかぎらないということも知っておいたほうがいいと思います。

いろいろな予備校が、「東大合格者、何百名」などと発表しています。その合格者数を全部合計すると、東大合格者が何万人にもなるかもしれないので（笑）、正確なところは分かりませんが、私が受験した頃《ころ》は、東大の合格者は、駿台《すんだい》予備校に通っている人、あるいは駿台模試を受けている人がほとんどでした。

それでも、「駿台模試の成績優秀者《ゆうしゅうしゃ》の一列目あたりに名前が載《の》る人でも、半分以上は東大を落ちている」という説はかなり有力でした。そういう人たちは、模試ではたぶんA判定が出ているはずですが、そのクラスの半分以上が落ちて消えていっているというのが、通説に近かったのです。

睡眠《すいみん》時間四時間で頑張《がんば》ると、息切れして抜かれることがある

駿台模試の成績優秀者の一列目に名前が載っている人の事情を知る同級生に訊《き》いてみたところ、「みんな睡眠《すいみん》時間は四時間くらいだった」と言っていました。一列目の人たちは、みんな睡眠時間が四時間で、かなり無理してやっているわけですが、息切れもしてくるし、冬休みくらいになってくると、成績を伸ばしてきて追い上げてくる受験生たちが出てくるのです。

秋頃に、グーッと上のほうの順位にいても、正月を過ぎた頃に、引っ繰り返されることがあるのです。睡眠時間四時間で走り続けている人はだいぶ息切れしてきますが、あとから、最後の追い込みで、社会や理科などを詰《つ》め込んで成績を上

げてくる受験生たちが出てくるので、順番が引っ繰り返ることがあるのです。だから、模試の判定は必ずしも当てになるわけではありません。

駿台模試などだけで見たら、「自分より百点も上のところに載っている人たちがいるけれど、ここが逆転するなんてありえない」と思うのですが、いざ本番の試験になると、その百点も上の点数を取っている人が落ちて、名前も載っていなかった自分のほうが受かってしまうようなことが現実に起きるのです。偶然《ぐうぜん》ではなくて、本当に起きるのです。

そういうことがあるので、これについては、いかんともしがたいのですが、勉強の仕上がり方が上がり調子で、重点を置いていたところがうまい具合に模試で出ることもあるし、逆に苦手なところが出ることもあれば、そのときの体調などいろいろあります。

模試を何回か受けて、その平均で判定を出すというのなら、ある程度、実力が測れるとは思いますが、一回しか受けていないと、ズレはどうしても起きてきます。

ですから、いろいろな模試を受けると、AからEまで判定が出ますが、そのたびに、あまりがっかりしたり、ぬか喜びしたりしないほうがいいと思います。

A判定であっても、模試と入試本番とでは、やはり形式が若干違いますし、出題者が要求しているものも違うことがあるので、模試の判定と同じにはならないことがあるのです。

模試での百点くらいの差が引っ繰り返ることは本当にあるのだということを、知っておいたほうがいいでしょう。

大番狂《おおばんくる》わせが起きる東大受験

私の受験時代（一九七〇年代後半）は、まだセンター試験が始まる前でした。なんだか〝大正時代〟の話をするようで、大変恐縮《きょうしゅく》ですが、当時、東大入試は一次試験、二次試験とあり、いずれも東大独自でやっていました。

一次試験の合格ラインがだいたい六割くらいでしたが、試験は英・数・国に、社会二科目、理科二科目と、五教科七科目ありました。文系も理系も、社会二科目、理科二科目まで勉強しなければいけなかったので、〝守備範囲〟が相当広く、受験勉強の負担はかなり重かったのです。

六割以上が合格ラインだというので、一次試験で八十点満点中四十八点取れれば、一次試験を通過できます。この段階で、だいたい定員の二・五倍くらいの学生が残り、それから二次試験に突入《とつにゅう》しました。二次試験になると、英・数・国に加えて、文系は社会二科目、理系は理科二科目になりました。そのくらいの負担がありました。

当時は、受験ナンバーワン校は灘《なだ》高校だったと思います。毎年、灘高生が東大に百三十人くらい受かっていました。今の幸福の科学学園中学校・高等学校（那《な》須《す》本校）・喜《き》島《じま》克《かつ》明《あき》校長も当時の灘高生です。

私などはちょっと信じがたかったのですが、灘高生にはずいぶん〝生意気〟な人もいて、入試のとき、東大構内で、「生物なんか勉強していない。東京に来る新幹線のなかで一回読んだだけや」と言うのです。「生意気やな！　ほんまに殴《なぐ》ったろか」と思うくらい（笑）、腹の立つ人がいました。

こういう人は、ほかの科目で十分点を取る自信があるのです。数学や英語など、生物以外の科目で点数を取れれば、合格ラインを超えられるというわけです。

その目算《もくさん》ができているから、「生物なんかは勉強していなくても受かる」と見て、「新幹線のなかで読んだだけや」「一回読んだだけで、そんなもん二、三割でも当てればええ」と言って、もう完全に受かるつもりで来ているのです。

そういうのは生意気ですね。「ほんまに生意気や。まっとうに尋常《じんじょう》な勝負をせんかい」と思いましたね（笑）。

そういうこともあれば、当時、百人以上の東大合格者を出していた東京学芸大学附属《ふぞく》高校で一番の優秀者が、東大入試の一次試験で落ちてしまったりするようなこともありました。

そういう人は、当然受かるものだと思っているから、二次の論述式試験の勉強ばかりしていたわけです。それで、一次の客観式試験で落ちてしまったということもありました。「えええ！　嘘《うそ》でしょう？」とみんなが驚《おどろ》くようなことが現実に起きるのです。こういうことがあるので、受験は、本当にわけが分からない結果が起きることがよくあります。

成績上位者は受け身型が多い

受験時代の模試などで、成績優秀者・成績上位者によく名前が載るような各校の〝有名人〟に、大学入学後に会いました。確かに、卒業後、官庁や有名企業《きぎょう》に就職した人も多いのですが、〝実物〟を見るかぎりでは、そんなに賢《かしこ》くはないというのが現実でした。

どちらかと言うと、受け身型の人が多かったのです。意外に目立たなくて、おとなしくノートを一生懸命《けんめい》取っているようなタイプです。「ええ？　この人がそんなにできるの？」というようなタイプがわりあい多かったように思います。

よくしゃべる人は、だいたい勉強ができません。しゃべる分だけ、頭から抜けていくのです。緻密《ちみつ》な作業が向いていなくて、よく抜けるので、試験は大してできません。

しかし、社会人になってからは、そういった、よくしゃべり、よく意見を言うようなタイプの人のほうが、仕事ができるようになっていきますから、これもまた面白いことは面白いのですけれどね。

必ずしも、成績がいいからといって、議論が立つわけではないのです。

3　「絞《しぼ》り込《こ》み」と「繰《く》り返し」で効果を高める

残された時間を「逆算」して、スケジュールを組み立てる

受験生のみなさんに言いたいのは、予備校や塾《じゅく》が勝手にいろいろな判定を出しますが、それは「個人個人に関しては、必ずしも当たるものではありませんよ」ということです。「合格する可能性が零《ゼロ》パーセントということはありません」ということです。

零パーセントということはなく、志望する以上は、最低でも五パーセントくらいはあるものです。五パーセントあるということは、最悪でも二十人に一人くらいは、一応、受かる可能性はある（笑）、ということは言っておきたいのです。

逆に、「合格する可能性が八十パーセントある」と言っても、「百人受けたら二十人は落ちる」ということなので、慢心《まんしん》しては相成《あいな》らんということです。

そういうことで、受験勉強は、人生で初めての〝仕事型〟の〝締《し》め切りのある試験〟です。残された時間を逆算して、どのようにして勉強のスケジュールを組み立てるかということを訓練しなければいけません。これまでの人生で、みなさんはこのような「逆算してどこまでやるか」という訓練は、おそらく、ほとんどしたことがないだろうと思います。

ここで、あれもこれも探して、引っ張り出してやる「拡散型」の人の場合は、最後になっても収拾がつかなくなる傾向《けいこう》があります。心配になって、あれもこれもといろいろな参考書などに手を出し、最後はものすごいことになるのです。

でも、全部を覚えることはできないので、十一月頃《ごろ》には、ある程度、テキストなり、問題集なり、やることを絞《しぼ》り込《こ》まなければいけません。それはそれなりに胆力《たんりょく》が必要だと思います。「これは必要だ」「これは要《い》らない」というのを、スパッと分けられる胆力です。

まず、要らないものを机の上から外そう

もし、十一月頃にパニック状態になったら、とりあえず、机の上を整理してしまうことが大事です。

例えば、英語なら、「英語でやるべきことはこれだけある。これを一月までに、あるいは二月までにやらなければいけない」と考えます。ところが、「もうできない」と思うと、パニックになることがあります。そのときには、やるべきものを机の上に並べてみてください。

まず、要らないものがあれば、机の上から外してください。そして、本棚《ほんだな》の奥《おく》かどこかに移動させます。

そうすると、要るものだけが机の上に残るはずですから、そのなかで、次は優先度をつけてください。もし一冊しかできないとしたら、どれにするか。二冊までできるとしたら、どれとどれにするのかというふうに、優先度を決めて、目の前にあるものを減らしていき、やるものをできるだけ絞っていくことが大事です。

いろいろなものをやってみたい衝動《しょうどう》には駆《か》られるのですが、計算してみると、「時間的にどうやってもできない」ということが分かります。「残された時間内でできるのはどのくらいか」ということがだいたい分かると思うので、試験本番までの時間を逆算して、ある程度絞っていくことが大事かと思います。

本番直前にはあまり新しい問題は解かないほうがいい

さらに、「本番直前」ということになると、あまり新しい問題を解きすぎるのも問題です。かえって自信を失ってしまうことがあります。

よく、塾や予備校等で、「正月特訓」などをやっています。そういったところで、予想問題に取り組むのもいいのですが、新奇《しんき》な問題ばかり出されると、自信を失ってしまう人がいます。今まで積み上げてきた自信が、年末年始あたりで急に崩《くず》れてしまい、入試に受からないような気になることもあるのです。

そういう場合は、ちょっと〝守り〟に入るのも一つの手です。今まで勉強してきたことを繰り返して学習するというほうが、自信が出ることがよくあるのです。

絞り込んで繰り返すということも大事です。


一冊の参考書を五回読むと、九割以上覚えられる

人間は、一つのものを一回読むだけだと、なかなか半分以上は覚えられないものです。

一回読んだだけだと、一週間も経てば、半分はもう記憶《きおく》に残らなくなることが多いのですが、三回くらい繰り返して読むと、八割くらいはだいたい覚えられるようになってくるのです。五回読むと、九割以上覚えられるようになります。

参考書を三冊、パラパラと一回ずつ読んでも、どれも五割未満の記憶力であるならば、一冊を三回繰り返したほうが、記憶の定着率が高く、自信が出るようなこともあります。そういうことを心がけるとよいでしょう。

もちろん、その一冊の内容が、志望校とまったくかけ離《はな》れているのであれば、無駄《むだ》なところがあるので、その参考書がある程度、志望校の出題内容に、類似性《るいじせい》というか、対応性がある必要はあると思います。

それから、社会などの暗記科目に関しては、一定以上やらないと、どうしても点が取れないものもあります。簡単なまとめのような薄《うす》い参考書がよくありますが、それ一冊だけでは、どうしても入試に通らないこともあります。

受験する大学にもよるのですが、かなり専門的なことや細かいことまで問うてくる大学になると、薄っぺらな参考書や教科書だけ読んでいても、解けないことがあるわけです。

例えば歴史だったら、たいていの学校では教科書に山川出版社の『詳説日本史』や『詳説世界史』を使います。もちろん、それは基礎《きそ》なので、当然やっておかなければいけないものではあります。

しかし、そうした教科書だけで勉強して、東大入試などで、日本史や世界史を選択《せんたく》して試験を受けたら、ほぼ零点《れいてん》になります。あんなものでは試験に通らないのです。何十回読もうとも、通らないものは通りません。

教科書で大枠《おおわく》として理解しておかなければならないけれども、もう少し詳《くわ》しいものまでやっておかないといけないというレベルがあります。

私立大学の入試でも、社会がやたら難しい大学や、英語がやたら難しい大学などがあります。早稲田《わせだ》大学でも、社会などは難しいと思います。上智《じょうち》大学でも、英語はすごく難しいことがあるので、「その大学は何が難しいか」というのをよく見ておかないといけません。

志望校の入試の特徴《とくちょう》を、自分の学力と比べて、よく見ておくことが大事だと思います。

4　勉強の仕方ひとつで、これだけ差がつく

成績のいい人を真似ると成績が下がる

受験には最後、「迷い」というものが当然出てきます。

それから、勉強で伸《の》び悩《なや》んでくる時期というのがどうしても出てきます。「スランプ」というのが来て、やってもやっても、どうしてもできない時期や、自信

がなくなってくる時期が出てきます。

あるいは、隣《となり》の芝生《しばふ》が青く見えてくるように、他《た》の受験生が非常によいように見えてきます。その人の勉強を真似したら成績がよくなるように思えてきて、自分の勉強法を見失い、人の勉強法を真似して、あっちを真似し、こっちを真似しなどして、ふらつく時期が来ることがあります。そういうときは、だいたい低迷期で、あまりうまくいきません。

たいていの場合、自分より成績がいいと思う人の言うことを聞いて、その人の勉強法を真似ると、成績が下がり始めたりします。

やはり、人それぞれ立場は違うし、今までの蓄積《ちくせき》の量も違うから、迷うこともありますが、自分なりの特徴《とくちょう》を生かした勉強の仕方をしなければ損だと思います。

私でも、英語は比較的《ひかくてき》得意で、英文法や英文解釈《かいしゃく》などはかなりよくできたのですが、英作文あたりで「迷い」が出始めました。

英作文というのは難しく、参考書などの練習問題を解いてみても、解答例のような英文は書けません。問題の日本文を英文にしてみたら、たいてい解答とは違います。

似たことは書いてあるわけですが、解答とまったく同じ英文にはならないので、自分の答案で点数が出るのか出ないのかが分からないのです。「合っているのか、合っていないのか。これで何点になるんだろう」「これは二十点満点中、いったい何点つけてくれるんだろう」などと、分からなくなります。

英文法や英文解釈なら、ある程度は分かるのですが、英作文だと、「この書き方だったら、何点くらい取れるんだろう」というのが分からなくなってきて、私も迷いが少し出たのを覚えています。

トータルな英語の実力をつけるなら、例文をきっちり覚えること

今なら、英会話などが相当流行《はや》っていて、学生時代からやっている人も多くいます。そういう人なら、英作文で問われていることの意味がよく分かるでしょう。結局、英作文というのは、自分の思っていることを相手に伝わるような英語にできるかどうかということなのです。

だから、英作文は、基本的に英会話と同じで、「相手に伝わるような文章が作れるかどうか」「相手にどの程度伝わるか」です。文章が間違っていなくて、伝わるかという問題です。「この文章は通じる」ということが分かれば、自信が出るのですが、英会話をやっていないと、その英作文がどこまで合っているのかが分からないということがあります。

私が高校生のときは、学校の先生も、英作文については十分に教えられなかっ

たような気がします。指導要領に基づいて、教師用の〝虎《とら》の巻〟を見て、それに合わせてやっているようではありました。

今はもう迷いませんが、当時の私は、自由作文のようなものを書いたら、点が出るのか出ないのかが分からなくて、ちょっと苦しみました。自分より上段者の人に見てもらわないと、点数が出るかどうか分からないようなものがあるということです。

それから、トータルで英語の実力をつけようとするなら、難しいものもありますが、基本的には、ある程度、〝型を覚える〟しかないと思います。

英作文でも、もとは英文解釈や英文法と同じで、キチッとした例文みたいなものを、しっかり覚えていくことが、やはり確実な早道になるということです。

数ⅡBの教科書を全部写して解いたら、成績が急に上がった知人

文系では、「数学が苦手」という人はとても多いだろうと思います。

私もあまり得意なほうではなかったのですが、私の子供たちを見てみると、「やっぱり数学って、本当に難しいものなんだなあ」ということをつくづく感じます。どうも、才能だけではないところもあるように感じます。

子供たちはそれぞれ数学が苦手なのですが、苦手でも程度に差があって、一定の難度を超えたら、全然手が出なくなるレベルというのがあるらしいのです。そのあたりが難しいなあというふうに思います。

筑波《つくば》大学附属駒場《ふぞくこまば》高等学校の卒業生も、「高校時代、数学の校内模試などは、零点《れいてん》が続出で、平均点は二十点くらいにしかならなかった」と言っていました。

「生徒の四分の一くらいは零点だ」と言っていたので、「零点を取っている人が東

大を受けるなんて、なかなか勇気が要《い》るだろうな」と思いましたが、零点だと実力の測りようがありません（笑）。難問ばかり出して、全員を落とすということもあるので、自信がつかないところもあるでしょう。

でも、基本的には、「基礎《きそ》からの応用」ということがありますので、基礎的なものから考えて、なんとか解いていこうと努力することが大事だと思います。

意外に、難しいものをやった人が受かっているというわけではなく、ちゃんとオーソドックスな勉強をしている人は受かっています。

理科系に行った知人は、高校に入った頃《ころ》は、成績が真ん中あたりでしたが、高二になる直前の春休みに、数ⅡBの予習のために、教科書を全部ノートに写して解いたそうです。すると、急に数学ができるようになって、成績の上位何十番くらいにまで上がってきました。高三になると、上位一桁《ひとけた》台に上がり、東大理Ⅰを受けて、合格していました。理Ⅰを受けたきっかけが、その数学の教科書の予習だったのです。

一年生の春休みに高二の数学の予習をやったということが自信になって、そのあと数学ができるようになり、急に自信が出てきたという人がいたのです。

私の亡くなった兄のことを思い出すと、高一だったか高二だったか忘れましたが、夏休みなどに、『枕草子《まくらのそうし》』を原文から現代語訳、注釈も含《ふく》めて一冊まるごと全部やり遂《と》げたら、そのあと急に成績が上がったようです。

このように、何かのきっかけで自信が出ると、ポンと成績が上がってくることはあるようです。だから、そういうきっかけを大事にしたらよいと思います。

英字新聞を読んでも合格にはつながらない

最近よく英語で説法などもしていますが、英語については、「高校三年生のときに英字新聞を読んでいても、ちょっと分からなかった」というようなことを、私の著書『教育の法』（幸福の科学出版）の「あとがき」に情けなくも書いた覚えがあります（笑）。

英字新聞は、今見てもやはりレベルが全然違います。大学受験用に英字新聞を一生懸命《けんめい》読んでも、受かりはしません。語彙《ごい》が桁違いに多いのです。

英字新聞は、例えば、金融《きんゆう》を専門にしている人が金融や経済の記事を読んだり、政治に関心のある人が政治の記事を読んだりするものなので、そういう人になら分かります。しかし、一般《いっぱん》の受験生には、残念ながら、それほど簡単に手が出るレベルではないと思うのです。当時の私は「ちょっと背伸びしすぎたかなあ」という感じはありました。

最終的には、やはりオーソドックスに、自分の志望校に合ったレベルのものに絞《しぼ》り込《こ》んでいくのがよいと思います。

模試の問題で復習すると、短期間で成績が上がる

それから、十一月頃からわりに大事なのが、模試の復習です。

問題集などを全部やり直そうとしたら、時間がなかなかありませんが、模試というのは、いろいろな予備校や塾《じゅく》などが来年度の入試を予想して作った問題であることが多いのです。

模試を受けたときに、「できなかったなあ」「悪かったなあ」と思っても、その問題をもう一回やり直してみると、意外にできたりすることがあります。模試の数学などは、「全然手が出なかった。難しかった」と思っても、二回目にやってみたら、意外に解けたり、英語も、「難しかった」と思った長文読解でも、二回目にやってみたら、「意外にそれほどでもないかな」という問題だったということ

とがあります。

復習してみると、当然、前よりはできるのです。それで自信が出てくるのです。「ああ、これだったら、できるかもしれない」というような感じが出てくることがあります。

ある意味で、模試などの問題を、問題集代わりに使うという手もあります。実際にそうやっている人もいます。これをやると、わりに短期間で成績は上がります。始めて、一カ月くらいで急にドーンと成績が上がることがあるのです。

確かに、二回目は見覚えがある問題だから解けるようになるということもありますが、模試に出たものと類似した問題が出てきても、やはり解けるのです。同じ問題ではないのだけれど、できてしまうので不思議です。

このやり方で復習しておくと、数学でもまったく同じ問題ではないのに、解けることがあるのです。数学は、解法のパターンというのがあって、それを組み合わせて解くものなので、パターンを知ることで解けるようになるのでしょう。

5　論理的に書き、分析的《ぶんせきてき》に読む方法

論述式問題は論理的な文章を書くこと

論述式の問題も多いと思いますが、あまり文学的な文章を書きすぎないように努力したほうがいいと思います。

大学の先生たちは、基本的にはベストセラーの本などは書けない人たちです。ちょっと口はばったい言い方ですが、彼らが本を書いても、私の本のように売れ

ることは、まずありません。大学の先生というのは、「本というものは三千部以上は売れないものだ」と信じ込《こ》んでいる人たちなのです。

学生たちに自分の授業の教科書として買わせる以外には、自分の本の買い手は一人もいないと思っている人たちが中心です。「授業で使う以外には、もう売る方法はない」と考えているのです。

そういう人たちは、基本的に、一読して分かるような文章を「いい」とは思いません。読んで、「うん？」と思わせて、もう一回ゆっくり読み直さないと分からないような文章を書く人が「頭がいい」と思っている〝種族〟が、大学の先生なのです。こういう種族がいるということと、その種族の特徴《とくちょう》を知っておかなければいけません。

彼《かれ》らは、サッと読んで分かるような文章を、「名文だ」とか、「この文章を書いた人は頭がいい」というふうには受け取りません。「サッと読んで分かるような文章を書く人は頭が悪い」と思っています。「これを書いた人は単純な頭をしている。私みたいに、一回読んだだけでは分からない文章を書くような人が頭がいいのだ」と信じ込んでいるのです。こういう種族は、人類のごく一部にいます。こういう人たちが裁判官や官僚《かんりょう》などになれるのですが、彼らが書いた文章は上から下まで読んでも、結局何が書いてあったのか分かりません（笑）。「読んでみたけど、なんだか何も残らなかった」という文章です。今の日本では、こうした文章を書ける人が「頭がいい」ということになっています。

彼らの文章は、誰《だれ》からも攻撃《こうげき》を受けたり、引っ掛《か》けられたりしないように、いろいろ防備を固めて、隙《すき》をつくらないように書いてあるので、結局、言いたいことが分かりません。彼らは、とにかく責任を取らされないような文章を書く練習をしているのです。〝勉強ができる人〟はみな、こういうことができるようになっていくのです。だから、抽象度《ちゅうしょうど》が高いものの考え方ができるのです。

ある意味で、論理的文章と言えばその通りなのです。論述式問題は、そういう社会科学的で論理的な文章を書く能力を持っているかどうかを試験で見ようとする傾向《けいこう》があります。だから、必ずしも名文を書けばいいというわけではないのです。

論述式問題では、そういうふうに論理的な文章をなるべく書いていくことが大事です。そのなかで、社会でも何でもいいのですが、その出題者が求めているような用語、単語や漢字などを上手に使いながら、論理的に書くことです。そういう文章を書くと、点数が上がるということを知っておかないと損をします。決して〝売れる〟ような文章でなくてかまわないのです（笑）。

読書力があれば国語ができるというわけではない

大学生になると、春に、大学の先生が書いた一般《いっぱん》教養の教科書を買います。それを読むと、小説みたいには読めないということが、初めて分かると思います。大学の先生は、小説のようには読めない文章を書いて本にしているわけです。そして、その本を一年かけて講義するわけです。

一冊の本を一年かけて読むというのは、たまったものではありません。英語などの厚い本以外では、普通《ふつう》はありえないようなことですが、半年あるいは一年かけて講義できるような日本語の本を書いている人たちが、大学入試の採点に当たっているのだということを知っておいたほうがいいと思います。

彼らの本は、読み終わっても、頭に何も残りません。だから、分析的《ぶんせきてき》に緻密《ちみつ》に読むことを求めているということです。

国語も気をつけなければいけません。普通、本をたくさん読む人は、国語ができるというふうに言われがちです。ただ、入試に関しては、速く読めるだけでは駄目《だめ》で、分析的に読まなければなりません。

一文一文、あるいは、句読点が入ったところで切りながら、「これはどういう意味なのか」「この指示語は何なんだろうか」「この接続詞は何を指しているのか」「この『それ』は何を指しているか」などを、進んだり戻《もど》ったりしながら分析的に読まなければいけないので、推理小説やSF小説みたいなものを読み慣れているような人にとっては、非常に苦痛を伴《ともな》う読み方になります。

いったん読んでから戻ったり、「どこに書いてあったかな」などと探しながら読むというのは、読書人にとっては耐《た》えがたい苦痛です。歯医者にドリルで歯をガリガリと削《けず》られているくらいの苦痛に相当する読み方です。

はっきり言えば、プロの世界に入ったら、こんなことはばかばかしくて、もう本当にやっていられないのですが、試験というルールではしかたがないので、同じ文章を何度も読んで、その読解で差をつけることができなければいけないわけです。

国語は分析的に読む力が要《い》る

ほとんどの設問は、数千字あるかないかの文章かもしれませんが、その文章を五回くらい丁寧《ていねい》に繰《く》り返し読めば、必ず全部解答できるようになっているのです。ただ、試験時間中は、五回も繰り返して読めません。試験のときは、たいてい一回、ないし、せいぜい二回しか読めません。それで正解を出さなければいけないのです。

ゆっくりと丁寧に、一字一字、一言一言《ひとことひとこと》、五回くらい繰り返し読めば、必ず正解できるような問題になっているのです。そうした問題に対し、速読して答えを出すというのがテクニックに当たるわけです。

だから、問題用紙を見たら、出題を見て、次に各設問の内容をパラパラと見て、「質問はどのあたりのことを訊《き》いているのか」を読み解き、傍線《ぼうせん》を引いているところや、記号が入っているところを見て、そのあたりを重点的に読んでいきます。その前後に必ず答えがあるので、そういうところを探して読むような、分析的な読み方の練習をしなければいけません。

これは英語の訳読《やくどく》などに近い読み方です。国語も基本的に同じで、試験に関しては、英文解釈《かいしゃく》などの読み方によく似た読み方かもしれません。そういう読み方をさせられるので、現代文であってもなめてはいけないということです。そういう読み方を練習することが大事です。

要領がいい人たちは、先に設問のほうを見て、そこから逆に、「こういうところを訊いているんだな」と察知し、一回目サーッと読んでいくときに、読みながら答えを出していけるような読み方をしています。その次に、設問になっているところの前後だけをもう一回確認して読むだけで、だいたい答えが出せるようになっています。

一読してスッとよく分かるような文章では出題しにくいので、ちょっと難解な文章を出してくる傾向があります。それを短時間で読み解く工夫が、現代文の問題には要るということです。

英文の長文読解問題を三十題選んで音読する

古文や漢文に関しては、基本的には英語の勉強とそれほど大きくは変わらないと考えていいと思います。語彙《ごい》や単語、文法を問う問題なので、英語と同じような勉強の仕方と考えます。

英語に関しては、本当は勉強は無限にあるので、限界というものはありえません。ただ、受験ということに関して言えば、必要な英単語はせいぜい六千語から八千語の範囲内《はんいない》ですし、文法も、ある程度、かぎられているところはあります。ですので、一定の範囲内で力をつけるということは可能だろうと思います。

どうしても受験当日まで残り時間が少ないということでしたら、次の勉強法を実践してみてください。

二百語から三百語くらいの文章を使った長文読解の問題を選びます。できれば、授業で使ったことのあるものがいいのですが、塾《じゅく》などに行っている人であれば塾の授業で使ったものでもかまいません。いずれにせよ、入試問題を素材に使ったもののほうがいいと思います。

文章中に設問などの空欄《くうらん》があるとスラスラ読めないので、解答を入れて、完全な文章に復元してください。次に、英文和訳が完全にできるようにします。あとは、この英文を音読するかたちで、なるべく暗唱する練習をするとよいと思います。

数はそれほど多くは必要ありません。できるだけ、「これがいい」と思う長文問題を二十題から三十題選んで、覚えてしまうくらい音読すると、英文法にも英文解釈にも英作文にも要約にも、何にでも応用が効くようになります。そうすると、楽に英文の感覚みたいなものが身につきます。

英文を音読することによって、分からない単語は一発で分かってしまうのです。音読して読めない単語は、だいたい分かっていない単語なのです。熟語でも、分かっていないものは、音読すると必ず引っ掛かってきます。分からない熟語だと、読んでいて「この前置詞がなぜ出てきたのか？」と引っ掛かってくるのです。

「尺取《しゃくと》り虫勉強法」で、嘘《うそ》のように成績が急上昇《きゅうじょうしょう》した

「尺取《しゃくと》り虫勉強法」という暗記法があります。一日目は一題だけを暗記し、二日目に、一日目の問題をもう一回暗唱してみて、二題目も覚えます。三日目になると、一日目と二日目のを暗唱して、三題目を覚えるという感じで、暗記する方法です。

尺取り虫が進むみたいに、四日目に入ったら一題目を外して、二題目と三題目そして四題目、その次は、三題目から、四、五というふうに、重ねながら暗記していって、二十題から三十題くらい暗記すると、とたんに英語の成績が上がるようになるのです。

不思議ですが、量ではないのです。せいぜい三十題くらいの良問でいいのです。そのくらいのものは、もうすでに解いたことはあるはずですから、やってみると、

急速に成績がパーンと上がります。

私にも経験があります。嘘《うそ》のように成績が上がるのです。駿台《すんだい》模試では、英語は百二十点満点くらいだったかと思うのですが、私は七十点台くらいしか取れないで困っていたところ、この尺取り虫勉強法をやったら急に百点以上は取れるようになりました。それほど大した量ではなかったので、「あれ？　こんな簡単に取れるようになるのかな」と、ちょっとびっくりしてしまいました。「これでいけるのか」と思いましたね。

要するに、「英語の感覚」です。英語の文章を諳《そら》んじられるようになるところまで暗記します。いろいろなテーマでやるのもいいでしょう。これをやると、英文解釈もできるし、英文法もできるし、英文和訳もできるし、和文英訳もできるし、要約もできます。英語のリズムが分かってくるのです。

英語をマスターするには、「音読」というのが非常に大事だということを知っておいてください。

英語を「声に出してスラスラ読める」ということは、「分かる」ということなのです。「スラスラ読めない」ということは「分かっていない」という証拠《しょうこ》なのです。もちろん、音読する前に分からない単語などを調べ出しておくことは大事です。

そのために、私は次のような英文和訳のノートを作りました。ノートの左ページに、一行か二行ほどスペースを空けながら、英文を書き写し、右ページに、その英文の和訳を書きました。さらに、左ページの左端に一本縦線を引いておいて、そこに、その英文に出てきた知らない単語や熟語を抜《ぬ》き出し、その下に日本語訳を書き出しました。

あとで復習するときには、この単語や熟語のところだけマーカーを引いて、パラパラッと見たら、ものすごい短時間で覚えられるので、楽だったのを覚えています。

二百語から三百語くらいの英語の名文などを暗唱する練習をすると、突然《とつぜん》成績が上がる経験をしたので、これについては、ぜひ一言《ひとこと》言っておきたいと思います。

数学は、あきらめずに解答をしっかりと書くこと

数学は、時間をかけたわりには、「成果があまりなかった」「できなかった」と自分では思っていたのですが、私の子供たちを見てみると、「ああ、意外に数学って本当に難しくて、こんなにできないものなんだ」と、ちょっと驚《おどろ》きを隠《かく》せない感じがしました。

東大文系の入試では大問を四問くらい出題されたと思いますが、私はその四問のうち三問くらいは完答していました。それでも、すごく苦手意識を持っていて、

「数学さえできればな」と、いつも数学のことばかり考えていたのです。

ところが、今になってみると、「そんなにできないわけじゃなかったんだなあ」「普通、このくらいの難しさのものだったら、けっこう零点《れいてん》が続出するんだなあ」ということが、ちょっと分かってきました。

ただ、数学の試験問題を見て、「これは難しくてもう駄目だ」と思っても、そこで解くのをあきらめないでください。大学によっては、〝書《か》き賃《ちん》〟というものが出ることがあるのです。

大学側は、受験者の解答の考え方の〝筋《すじ》〟を見ている場合もあります。たとえ途中《とちゅう》で間違《まちが》えてしまっても、間違ったなりに、一生懸命《けんめい》、解答を論理的に進めていると、採点者から書き賃が出るという、かなりの有力説があります。何も書かないで出すのではなくて、自分の持てる力を出して、答えらしきものまで導く努力をしたら、導き出した答えが間違っていても、採点者が考え方の筋を見て、

「この人は数学的に考える筋道を持っているな」と思い、どうも点数をくれるらしいという説が、極めて内部的な情報として出ているのです。

ですから、簡単にギブアップしないことです。答えを間違えたから零点だとは思わないほうがよいのです。書き賃が出ることがあるということを忘れないでください。

逆に、社会のような問題については、「いっぱい書けた。四百字書いた」「六百字書いたから、点が出ているだろう」と思っていたら、零点だったということがあることも、忘れないでいただきたいと思います。

採点者は採点基準を持っています。「これと、これと、これに触《ふ》れているかどうか」で見ているのです。例えば、「この年号に触れていたら二点」とか、『○○の乱』ということをキチッと書いていたら三点」とか、採点ポイントがあるので、出題者が要求しているものをちゃんと、その文章のなかに入れておかなければば点が出ません。

だから、相手が何を求めているのかを、まず知ることが大事です。美文や名文を求められているわけではないので、採点に要求されているものを、ちゃんと書き込むことです。

6 「本番に弱いタイプ」の直前対策法

できる問題から解いていくこと

本番に弱いタイプの人は、問題が難しく見えたりするのだろうと思います。確かに難しいのだと思いますが、強気の人ならば、パーッと問題を見ていって、本当に難しい問題から取り掛《か》かっていこうとする気《け》があります。

しかし、できる問題から解いていくということも大事なことです。難しい問題から取り組んでいるうちに、本当は解けるはずの問題を解き残すということが、けっこう出てきます。

例えば、国語で言えば、「漢字だったら、できたのに」という場合があるのです。出題の後ろのほうの記号問題で漢字や語句の問題があって、「これなら解答できたのに、長文問題に取り掛かって一生懸命《けんめい》、うんうん、うんうん考えているうちに、時間がなくなってしまった」というように、時間切れで落ちてしまうことがあるのです。

やはり、できるものから、先にちゃんと解いたほうがいいと思います。例えば、数学に自信のある人は、難しい問題に頭からかぶりついていく人がけっこういます。ただ、それで時間を取られて、ほかの問題ができないということもあるので、このときは、そんなに強気にならないで、解ける問題から解き、点数を重ねていくように頑張《がんば》ったほうがいいと思います。

毎晩寝《ね》る前に祈《いの》り込《こ》み、プラスの自己イメージを植えつける

あえて、テクニック的なことも含《ふく》めていろいろと言いましたが、あとは宗教的なアプローチが残されています。これは日々の祈《いの》りで、特に就寝前《しゅうしんまえ》の祈りが大事です。

就寝前に、その日一日の簡単な反省などをしつつ、「私は志望校に絶対に合格する」「天も私に味方してくれる」「素晴らしい未来が拓《ひら》けていくに違《ちが》いない」「私が勉強したところが、出題されるのである」「苦手なものは出ないのである」

「得意なところが出るのである」「天は私を応援《おうえん》してくれているのだ」「私は絶対に合格するようになっているのだ」というようなことを繰《く》り返し念じ、自己暗示をかけながら毎晩寝るように努力したほうがいいと思います。

受験勉強には精神性が相当影響《えいきょう》するので、「もうできなーい！」と思ってしまうと、本当にできなくなることがあります。

特に、優秀《ゆうしゅう》な人ほど、マイナス情報に過敏《かびん》に反応して、「退却《たいきゃく》」を始める傾向《けいこう》が強いので、プラスイメージの暗示を自分にかけていくことは、非常に大事です。無理をしなくてもいいとは思いますが、なるべくプラスの自己暗示もかけたほうがいいのです。

落ちることばかり考えていると、そんなふうな気になってくるものです。予備校や塾《じゅく》はけっこう〝恐怖《きょうふ》産業〟です。「落ちるぞ、落ちるぞ」と学生を脅《おど》せば、みんな何でも言うことを聞くと思って、そんなことばかり言う傾向があります。

ですから、自分では「受かるぞ、受かるぞ」と一生懸命、暗示をかけていくことも大事です。そういうことが言えると思います。

受験の成功も失敗も、人生経験の一部に過ぎない

現実には、受かったり落ちたりするとは思いますが、それも全部、人生経験の一コマなので、受験は最終的な生死《せいし》を決めるようなものでも何でもありません。

先々、大学に入ってからも、人生は人それぞれで違うし、卒業してからも違います。大学の順で偉《えら》くなっているわけでもありません。

企業《きぎょう》などで言えば、だいたい入社何年目とかになると、同期と比較《ひかく》して能力的に互角《ごかく》という場合、もう判定がつかないような場合には、いわゆる偏差値《へんさち》の高い大学の人を上にしたほうが座りがいいかなあということで、そちらを昇進《しょうしん》させる

ようなことはあります。

けれども、一般的《いっぱんてき》な能力の判定は極めて難しいので、入社のとき以外はほとんど学歴も効かないと思っていいのです。やはり、世間は実績で判断することが多いのです。

だから、どうか、受験で判定されなかった能力は、別のところでまた出てくることがあると信じてください。そう考えるとよいと思います。

成功にも学びはあるけれど、失敗にも学びは多いのです。失敗したときは、その原因を考えて、次のステップでの学びに生かしたらいいのです。

最終的に進学する学校が、自分の望んだところではない場合もあるかもしれませんが、そのほうが将来的には成功することもあるということを知っておいていただきたいと思います。

例えば、大学の研究者などは、その学校の卒業生がなります。たいていの場合、本当はもっと上位校を狙《ねら》っていたのに落ちてしまい、その大学に入ったというような人が研究者になっていることが多いのです。優秀な人がたまたま入ったのでしょう。そうした人が、希望していた大学に入った場合には、研究者にはなっていないというケースもよくあります。

「何が道を拓くかはまだ分からないのだ」ということを知っておいたほうがよいのです。

第2章

大学受験と人生の成功

2013年5月6日
東京都・幸福の科学 戸越精舎にて

1 勉強ができれば仕事もできる

「受験の成功」は「人生の成功」と言えるのか

第二章のテーマは「大学受験と人生の成功」です。

「大学受験の成功」だけであれば、この世の普通《ふつう》の世界の論理とまったく一緒《いっしょ》になってしまいます。ですので、「宗教である幸福の科学では、大学受験の成功と人生の成功、両方をどう考えるのか」という問いに対して、私は「幸福の科学総裁として答える義務がある」と思っています。

傍《はた》から見ると、「大川隆法総裁は東大を出ているので、よけいややこしくなっているのです。どちらがいいのかはっきりしてください。幸福の科学は宗教なんだから、信仰深《しんこう》く生きればいいというのであれば、それでいいと言ってください。そうではなく、やっぱり勉強もできたほうがいいというのなら、勉強をしたほうがいいと言ってください。大川総裁、いったいどちらなんですか？　幸福の科学はいったいどちらを目指しているんですか？　もう頭が分裂《ぶんれつ》してしまうではないですか」というような気持ちや疑問もあるでしょう。みなさんも「どのあたりが大川総裁としてはお望みですか？」という疑問を持っているのではないかなと思います。

受験は「芽が出る」「花が咲《さ》く」「実が実《みの》る」の最初の段階に過ぎない

これに関して、私の答えを言いましょう。

今、本書を読んでいるみなさんは、だいたい十代後半から二十歳《はたち》くらいだと思います。そのくらいの時期から、もう芽が出る人と、芽が出ない人がいるわけです。

次は、芽が出て花が咲《さ》く人と、芽が出ても花が咲かない人がいます。さらにその次は、花が咲いたあと、実が実《みの》る人と、実らない人がいるのです。

早い話が、これだけの違《ちが》いなのです。

芽が出なければ、花も咲かず、実もなかなかできないものです。

今、みなさんがやっていることは、この最初の「芽を出す」ところなのです。どういうルートから芽を出していこうとしているところなのです。実社会のなかに、芽を出していくかということを、みなさんはやっています。

ただ、これは、将来的に仕事ができるようになるかどうかを、完全に保証できるものではないのです。まだ花も咲いていません。まだ実が実ったわけでもありません。実際に社会に出て仕事をしなければ、花が咲いたり、実が実ったりはしないからです。

野球だってそうでしょう。何十年もやらないと「国民栄誉《えいよ》賞」はもらえません。これは、実が実ったということでしょう。今のみなさんは、野球で言えば、甲子《こうし》園《えん》の高校野球の試合に出て優勝するか、それに近い成績を残さなければ、プロに入れないということで、一生懸命《けんめい》やっている段階に当たるのです。

残念ながら、地方の一回戦で敗れることもあれば、地方大会には勝って甲子園には出場したものの一回戦で負けて帰ることもあるという段階で、プロの指名を受けているような状況《じょうきょう》ではないところにいるのです。ここで、他《た》の人と差をつけようとしているところなのです。

例えば、これからプロの指名を受けて、プロ野球界に入ったとしても、実際にやってみると、成績を残せる人と残せない人がいます。

あるいは、才能があっても、ケガをして駄目《だめ》になって、休んでばかりいるような人もいれば、運がいい人もいます。長嶋茂雄《ながしましげお》さんが、松井秀喜《まついひでき》さんと一緒に国民栄誉賞を受賞しましたが、長嶋さんのように、ここ一番のときに打てるような、運がいい人はいます。

かつて、「天覧試合《てんらん》」という、天皇皇后両陛下がわざわざ試合を観に来られたときにかぎって、長嶋さんはホームランを打ったりしていました。こういう人は運がいいのです。ところが、天皇陛下が観に来ていないときにはホームランを打てても、天皇陛下が観に来られたら緊張《きんちょう》して打てないという人は、やはり超《ちょう》一流ではありません。

ここ一番のときにポーンとホームランを打つ人は華《はな》があるし、人から認められやすいのです。年間平均打率で見たら、似たような人はほかにもいっぱいいるのですが、同じように打ったとしても、「どの場面で打ったか」というところが大きいのです。

このあたりのところが、社会に出たときに、実際に花が咲くか、実が実るかということに関係してきます。実社会での成功は、そこにかかっています。

しかし、それまでの間は、プロフェッショナルになるまでの〝修行期間〟であって、まず、そのなかで頭角《とうかく》を現さなければ話にならないわけです。

受験は芽を出す大きなチャンス

今、野球の例を出しましたが、実際には、野球選手になる人の数は少なくて、たいていの人は一般企業《いっぱんきぎょう》に勤めるのが普通でしょう。

いずれにしても、まずは何かで頭角を現さなければ、認められるということはないのです。みなさんは、まずは芽を出さなければいけません。モヤシみたいに芽を出すか、タケノコみたいに芽を出すか、いろいろ違いはありますが、まずは芽を出さなければいけません。それは、何かの〝武器〟でもって、実社会や大人の世界で、自分の存在を認めてもらわなければいけないということなのです。

そして、「受験」という機会は、実はいちばん大きな土俵だと思うのです。全国レベルの土俵で、ある程度、みなさんにチャンスが与《あた》えられているのだと思ったほうがいいでしょう。

「受験戦争」というような言葉もありますが、実際、死ぬわけではありませんから、戦争などというものではありません。「受験に敗れたら死ぬ」というのなら、それは大変です。「大学入試に落ちたら死ぬ、あるいは死刑《しけい》になる」なんていったら、これはもう大変です。本当に命懸《いのちが》けになりますが、現実はそんなことはありません。大学はいくつもあるし、どの大学に入っても、別に殺されるわけではありません。

要は、「満足度」の問題です。親の満足度、自分の満足度、世間の評判、こういうところに違いがあるだけです。死刑になるわけでもないし、戦争で死ぬわけでもありません。受験戦争と言っても、あくまで、「同年代の人たちと比べて、自分の努力が認められるかどうかということを客観的に測られる」というだけのことです。

浪人《ろうにん》しても、一、二年の遅《おく》れはどうってことはない

また、本書の読者には浪人中《ろうにんちゅう》の人もいると思うので、浪人生に一言《ひとこと》、述べておきます。

今は人生が長くなっているので、はっきり言って、一年や二年の遅《おく》れはどうってことはありません。現時点ではキツいとは思いますが、長い目で見たら、どうってことはないのです。平均八十年生きるとしても、八十年あったら、その一、

二年分くらいはどうにでもなるものです。

受験をして、だいたいの将来が決まる十八歳から二十歳《はたち》前後は、人生を四十二・一九五キロのフルマラソンにたとえれば、おそらく十キロ地点通過あたりかなと思います。

だから、みなさんは十キロ地点通過あたりのところにいるのです。その地点で、先頭グループにいるか、第二グループにいるか、真ん中あたりにいるか、もう脱《だつ》落組《らくぐみ》に入っていっているかということです。

すでに消えていっている人も当然いるのですが、上位のグループにいる人でも、これから二十キロ、二十五キロ、三十キロと、だんだん苦しいところが出てきます。さらに、最後の十キロ、五キロ、そしてラストスパートまで、まだあるわけです。

人生八十年、あるいは八十五年、九十年と考えると、まだまだ先はあります。

そのようなものだと思ってください。

今は、だいたい十キロ地点くらいの順位が出るのだと見たらいいと思います。十キロ地点でトップを走っている人が、四十二・一九五キロ地点のゴールでトップを走っているかどうかは、保証のかぎりではありません。途中で棄権《きけん》する人や、暑さでダウンする人、睡眠《すいみん》不足や水分不足で駄目になる人もいるし、前を走る人を風よけに使いながら、後ろからちょこちょこ付いて行って、後半からだんだん追い抜《ぬ》いていく人も当然出てくるし、第二グループからジワジワ上がってきて、第一グループの後ろに付けて抜いていく人もいます。

これは、「力の配分の仕方」と「人生計画」にもよります。

偏差値《へんさち》が高い人は抽象《ちゅうしょう》思考ができる人

私の考えを述べるならば、「勉強ができる」ということは、はっきり言えば、基本的に「いいこと」だと思います。

「勉強ができる」ということは、「仕事ができる」ということに、かなり近いものがあるというふうに考えてよいと思います。

勉強ができないのに仕事ができるようになるというのは、本当に例外的なケースなのです。何か別の道で、それなりに特殊《とくしゅ》な才能を発揮する努力をしないかぎり、勉強ができないのに、仕事ができるようにはなりません。

例えば、絵を描《か》くのがうまいとか、写真を撮《と》るのがうまいとか、あるいは小説家みたいに、本を読んで文章を書くとか、何か特別な才能があって、大を成すことはありますが、一般的に八割方の人は、「勉強ができる」ということが、「仕事ができる」ということにつながりやすいと見ていいでしょう。

大学等に偏差値《へんさち》ランキングがあると思います。これからみなさんも、毎月のように試験を受けて、偏差値でランク分けされると思います。このランキングが、いったい何を表しているかということですが、結論的に言うと、この偏差値ランキングの高いところにいる人たちは、「抽象《ちゅうしょう》思考ができる」ようになるのです。偏差値が高くなってくると、抽象的な思考ができるということなのです。

難しい言葉で言うと「形而上学《けいじじょうがく》」です。大学の一般教養のなかの哲学《てつがく》の授業で教わると思います。「而」はちょっと難しいですが、『論語』などを読むと出てくる字です。形而上とは、肉体の上にある精神の世界、そういう抽象的な世界のなかのことです。この形而上学に強いタイプが、偏差値が上のほうに上がってくる人です。

反対に、形而下《か》というのがあって、これは肉体にかかわること、生活にかかわることです。偏差値が下がってくると、実生活に関係のあるほうで才能を発揮する職業に就く人が、だんだん増えてくるのです。

ですから、この世的には、その成功がどのように出てくるのかは、いろいろあるのです。

例えば、パン屋さんで大成功して大金持ちになる人だって当然いるわけですし、体が頑丈《がんじょう》でマラソンも速いために、宅配便を始めたら成功したというような人もいるかもしれません。そのようなこともあるので、人生の成功というのはなんとも言えません。

一般的には、偏差値が上がれば、抽象的なことを考える力が上がってくるので、職業的には、研究者や学者、あるいは高級官僚《かんりょう》、または大企業などで経営について企画を立てたり考えたりするようなタイプに向いてくるようになります。

偏差値が下がってくると、手に職を付けるような仕事、あるいは、地に足が着いた職業というか、実際に目に見える仕事のほうで、自分を発揮するように向いていくわけです。だから、実際には人と対面でする仕事や、物を扱《あつか》う仕事などに適性が高くなってくるのです。

それから、さらに下になってくると、下請《したう》け型の仕事というか、頭脳を使う人たちが振《ふ》り分けてくる作業を受けてやる仕事が、だんだん多くなるわけです。例えば、ゼネコンで言うと、指揮を執《と》っている監督《かんとく》ではなく、実際に労働している人のほうです。偏差値が下のほうへいくと、そちらのほうに入るようになってきます。

簡単に言うと、そういうことです。

2　なぜ受験勉強が大切なのか？

大学入試は社会人になるための〝知能検査〟

四年制大学に入る人と、そうでない人の違《ちが》いは、抽象《ちゅうしょう》思考がどのくらいできるかのレベルの違いであり、大学のレベルが上がれば上がるほど、難しいことを考えることができるようになってくるということです。

その「難しいことを考えることができるようになるかどうか」を調べるのが大学入試なので、これは一種の〝知能検査〟なのです。ここのところの意味をよく分かっていない人もいると思います。

小さい頃《ころ》に知能検査を受けると、けっこう高い結果が出たりします。天才児なども出ます。しかし、知能というのは、二十歳《さい》を上限として測っているので、年《ねん》齢《れい》が低いうちは、けっこう高い知能を出しやすいのです。

例えば、三歳児に六歳児のことができるようにするのは、努力すればできないことはありません。そうすると、三歳児が六歳児のことをできれば二倍なので、IQ（知能指数）が二〇〇と出ます。

ところが、十歳児が〝二十歳児〟のことまでできるかというと、けっこう難しいので、この年齢でIQ二〇〇はなかなか出てこなくなるのです。ここが最大で、それからあとはだんだん下がっていきます。例えば、十五歳のときに、最高で二十歳までという測り方をすると下がります。

だから、幼稚園《ようちえん》や小学校低学年では天才児と言われたような人でも、だんだん年齢が上がっていくにつれて、みんながせり上がってきて、差が小さくなってくるのです。

東大に入っている人などでも、IQは平均一二〇くらいと言われています。実際、高校生くらいになると、十五から十六歳なので、二十歳をマックスとして、十五から十六で割れば、一・二倍程度しかいきません。これは、学年で言うと、一学年か二学年上くらいまでいくのが精一杯《せいいっぱい》というところです。

だから、ある意味で、人間はそんなに大きな差はないと言えるのです。

小さい頃は、そういう知能テストがありますが、十八歳くらいに受ける大学入試というのは、〝社会人になるための知能検査〟みたいなものなのです。いちばんよく分かるのが英・数・国なので、この三教科がいちばん知能検査には適しています。

英語というのは、日本人なら基本的に、使わなくても生きていけるし、生活はできます。だから、できて困ることはないけれど、使わなくても生きていけます。そんな言語を、外国人に近づけるくらい使えるようになるかどうかということを、十八歳くらいのときに試されているわけです。

あるいは、数学もそうです。例えば、数学の教師は当然ですし、数学を使わなければ解けないような工学部系、理学部系の仕事に就いた人も、数学を毎日使います。ところが、それ以外の事務職の人たちや普通《ふつう》のサラリーマンたちは、算数くらいまでは使いますが、数学を直接使うことはありません。

でも、そういう人たちも、入試で数学の問題を解かされるというのは、要するに、大人になるための知能検査みたいなものをやっているのです。

そういう「抽象的な思考、論理的な思考、合理的な思考ができるかどうか」、あるいは、「場合分けしながら、物事を考えていくような能力があるかどうか」、大学入試では、こういうものを見ているのです。

受験勉強は将来どこで役に立つか

東大には、文系であれば、文Ⅰ、文Ⅱ、文Ⅲがありますが、文Ⅰは法学部、文Ⅱは経済・経営学部系で、文Ⅲは文・教育学部系となっています。実際に東大の文系に入って数学を必要とするのは、文Ⅱの経済学部です。これは、近代経済学で、数Ⅲまで使うので、高校生のときに勉強していない人は、教養学部時代に補習で数Ⅲを取らなければならないようになります。

でも実際は、文Ⅰに入っている人のほうが数学はできるのです。ところが、文Ⅰで学ぶものは、最終的には政治学・法律学系です。これらは、はっきり言って社会です。社会一科目の勝負になります。

数学が活きてくるところはどこかと言うと、いろいろなケースについて、場合分けをしながら、「こういう場合にはこうする」「こういう場合にはああする」というように、論理的に物事を切って、いちばん妥当《だとう》な最終結論は何かということを見通していくときです。これは、数学の証明問題を解くのと、実によく似ています。

法学部を出た裁判官や弁護士、検事たちは、法廷《ほうてい》で争って、結論に持っていきますが、反対の意見を出しながら裁判を進めていきます。これが、「場合分け」などと実によく似ているのです。「こうだった場合、どうなるか」と詰《つ》めていって、最終結論が妥当なところに落ち着くように結論を導き出す方法は、数学の証明問題を解くのと、極めてよく似たものがあります。

それから、法律の条文などを暗記するのは、日本史や世界史などの暗記とも非常によく似たものがあります。

また、判決文を書いたり、あるいは、官僚《かんりょう》になってソツのない事務的な文章をピシッと書くためには、論述式の答案を書けるような能力が基本的には必要とされるのです。そういう人たちは、高校生のときの段階で、論述的な能力がきちんとあるような人たちで、大学で専門的な知識を得て、さらに、専門的な内容を含《ふく》んだ文章を書くわけです。

総理大臣は、いろいろなところで会見をしたり、外国に行って演説をしたりしますが、そうしたときの原稿《げんこう》は、総理自ら書いているわけではありません。書いているのは、付いて行っている役人、官僚のほうです。官僚は原稿を書いて、「総理、これを」と言って渡《わた》し、目を通してもらって、総理大臣が変えたいところがあれば直しますが、基本的にその原稿で演説などをやらせています。

英語で演説する場合には、外務省の官僚が英語で原稿を書き、総理大臣に渡して読ませています。読めない英語にはカタカナでふりがなまで振《ふ》っていて（笑）、総理大臣はそれを読んでいます。

そういう意味では、大学受験は、より高度な学問をして、難しい仕事に向かえるかどうかを試験されているのだと思ってください。

大学を出ると就職しにくい業界もある

逆に言えば、実社会に出るに当たり、「自分の強み」はどこにあるのかを考えるべきです。頭のよさを強みとするのなら、それが使える仕事を中心に考えるべきだし、頭のよさが中程度だと思えば、そのなかで自分の強みはいったい何なのかを考えることです。体力が強みの人や、人との付き合い方がうまいのが強みの人、話が上手なのが強みの人、商売感覚があるのが強みの人、いろいろいます。

こういう自分の強みを発見して、生き筋《すじ》を考えていくことが大事です。

例えば、ホテル業界などに就職しようとしても、「大卒は要《い》らない」と言われます。なぜかと言うと、四大卒は「頭《ず》が高い」からです。

頭が高いと、お客様に対して不愉快《ふゆかい》な印象を与《あた》えます。ホテルマンは、エントランスに出て、「いらっしゃいませ」と言って、荷物を運んだりしなければならないのですが、大卒の人は、「俺《おれ》は東大を出ているんだ」「俺は早稲田《わせだ》を出ているんだ」というように、生意気です。

ホテルのお客様は、もちろん日本国民全員がターゲットですが、外国人もターゲットです。外国人客も来るので、東京あたりのホテルだと英語くらい話せないといけないのですが、ホテルマンのほとんどが大卒ではありません。

ホテルは、高卒の人に英語の勉強をさせています。外国人レセプションをするなら、英検二級くらいまで要求して勉強させていますが、それでも「大卒は要らない」と言っています。

以前、西武《せいぶ》グループのプリンスホテルで、堤義明《つつみよしあき》さんが総帥《そうすい》をしていたときに、東大野球部出身の人が「こちらの社会人野球チームで活動したいので、自分を採用してほしい」と言ってきたのですが、堤さんは、一般論《いっぱんろん》としては断り、「高卒扱《あつか》いでいいなら、入れてやる」と言いました。その東大出の人は、本当に高卒扱いでプリンスホテルに入社しました。

この人は、給料など、高卒の人と同じ扱いで入り、野球をやれるうちはやっていましたが、野球で使いものにならなくなったら、ホテルのフロントのほうに戻《もど》って、事務をしたり、企画《きかく》をしたりするほうに回されていったようではありますから、普通、大卒はあまり入れてくれないのです。

本当に、お客様にいい気持ちを味わっていただくためには、あまりにも頭が高い人がホテルにいると、よくないということもあるわけです。

そのように、業界によって、ちょっと違いが出てきます。

東大出は中小企業に行くと、窓際になる可能性が高い

先ほど言ったように、勉強がよくできる人は、学者や研究者、あるいは高級官僚、医師や弁護士というような資格に守られているところなどでは、採《と》ってもらいやすいのです。

あとは一般サラリーマンになるわけですが、一般サラリーマンでも、会社の規模と少し関係があります。

例えば、東大卒の人だったら、千人以上くらいの規模の会社でなければ能力が発揮できないところがあります。東大卒のように、満遍《まんべん》なく、いろいろな科目ができて、短期間で大量の情報を処理して、答案を書き上げ、いい点数を取れる能力というのは、会社の規模が大きくなればなるほど、力を発揮できるのです。大きな会社になると、事務処理がとても大きくて、幅《はば》広いところに目を配らなければ

ばいけなくなるからです。

だから、千人を超《こ》えない中小企業だと、東大出の人は窓際になる可能性が非常に高いのです。「気が利かない」と言われて、だいたい窓際になるのです。

ところが、大きな会社になると、例えば、人事部で、社員五千人それぞれの勤務評定がキチッとできているかどうか、公平かどうかということを、ピシーッと表を作って判定していき、異常性をチェックして、おかしいところがあれば直していったり、会社全体での生産性を上げたりするときには、東大出のような勉強ができる人のほうが、仕事がよくできます。

小さな会社になると、そういう有名大学ではなくて、フットワークの軽いタイプの人がいいのです。出身大学のレベルがそれほど高くなくても、体育会系や運動部などで一生懸命《けんめい》やったような人のほうが、実に使い勝手がよくて、よく働きます。とにかく体力があって音《ね》を上げないタイプです。

ワタミの元会長で、都知事選や参院選などにも出馬した渡邉美樹《わたなべみき》さんは、大卒ですが、起業の準備のために、佐川《さがわ》急便に勤めようとしたとき、「大卒を採ったことはあるけど、大卒で一カ月以上もった人はいません」と言われたそうです。「大卒は、腰《こし》を痛《いた》めて、絶対に潰《つぶ》れるんです。佐川急便に入った場合、一カ月以上もちません」と言われたそうですが、渡邉さんは根性で、一年以上続けたようではあります。

渡邉さんはそういう仕事を経験してから、自分で起業した方です。

やはり、机に向かって仕事をする人と、体で戦う人とで、差がいろいろあるようです。

だから、人によって持ち味の違いはあります。成績で、最終的な職業的成功が決まるわけではありませんが、向き不向きは出てくるので、自分に向いたところを選んでいくことが大事だということが言えると思います。

3　教養を身につけることの意義

仕事で成功するには教養を積むことも大事

大学受験では、社会人になるための知能、高等学問を勉強するための知能を測られます。これについてはしかたがありません。

また、大学に入ったあとも、勉強の仕方によって、やはり成果に違《ちが》いはいろいろ出てきます。

例えば、大学の教科書しか勉強していなくても、卒業はできます。大学卒業の頃《ころ》、友達の家に遊びに行ったら、彼《かれ》の部屋には二段のカラーボックス一個分しか本がなかったので、ちょっとショックを受けたことがあります。

彼は成績がいいのに、本当に本が二段分しかないのです。「あれ？　ほかの本は？」と聞いたら、「これだけしかない」と言うのです。一段目にあるのは、教養学部の二年間分の教科書で、二段目にあるのは、専門学部の三、四年の教科書でした。これ以外、一冊も本を読んでいなかったのです。「はっ？」と思って、私は、はっきり言ってショックを受けました。

一方、私のほうは、部屋に本が溢《あふ》れていて、床《ゆか》に本を敷《し》かないと寝《ね》られない状態になっていました。もう本の置き場がないので、本を床に敷いて、その上に布《ふ》団《とん》を敷いて寝ているような状況《じょうきょう》だったのです。

私が就職して会社の寮《りょう》に引っ越《こ》すときには、その友達が家に手伝いに来てくれました。

彼は、「これはもう要《い》らん。もう使わない。こんなに本を持っていたら、会社の寮になど入れるわけがないだろう。独身寮は六畳《じょう》一間だろう。こんなものは要らない。これも要らない。これも使わない。これも二度と使わない」と言って、私の蔵書を何百冊も捨ててしまいました。

私は、「はあ。はあ。はあ……」と言いながら、「本と別れたくないな」と思い、「この本だって、また使うかもしれないじゃないか」と言ったのですが、彼に「いや、それなら、使うときにまた買ったらいいんだ」と言われて、何百冊も捨てられてしまったのを覚えています。

受験時代の本なども懐《なつ》かしいから取っておいたのですが、「こんなもの使うわけがない」と言われて、ほとんど全部、彼に捨てられてしまいました。あのとき以外に自分で本を捨てたことは一度もないのです。

おかげさまで、寮に入ることはできました。そして、また新しい本が買えるようになったので、ありがたかったとは思っています。彼は都会の人だったので、「空間を有効利用しなければ損だ」という都会人特有の考えがあったのです。

一方、田舎《いなか》の人は、物を溜《た》める癖《くせ》があります。徳島県民もそうですが、岡山《おかやま》県民と名古屋の人あたりは、物をいっぱい溜める癖があります。いったんもらった物を離《はな》さないで抱《かか》えて、蔵いっぱいに溜め込《こ》む〝種族〟です。私もそのタイプだったので、集めた物はなかなか捨てませんでした。いまだに、本は増え続けています（蔵書は十数万冊）。

そういうことで、大学の成績を上げるのであれば、授業に関係することだけをやっていれば成績は上がりますが、それ以外の勉強をしても上がるとはかぎりません。しかし、それは大学時代だけの話です。

社会人になると、学校の教科書で習った以外のこともいろいろ勉強していた人のほうが、だんだん役に立ってくるようになります。教養というのが役に立ってくるし、自分の専門以外のところで関心を持って勉強していたことが、次のビジネスチャンス、あるいは、仕事の新しい開発などにも役に立ってくるのです。

専門以外の勉強もしておくと、創造性が増す

私の著書に『創造の法』（幸福の科学出版）がありますが、「創造性」というのは、これからのビジネスにおいても、非常に重要なことです。

新しいもの、世にないものを創り出していくのは非常に大事なことですが、まったく何も努力しないで、瞑想《めいそう》していると突然《とつぜん》新しい商品や仕事を思いつくというようなことは、めったにありません。

地球には七十億の人が住んでいるので、誰《だれ》かが何かを考えているのです。どこかで研究したり、考えたりしているわけです。

すでにあるものを見もしないで、一人で考えても、また、発明したとしても、実際はすでに世の中にあるということがいっぱいあります。それを知らずに発明

することは、時間の無駄《むだ》です。

まずは情報を集めて、そのなかに使えるものがないかどうかを探すのが一つです。創造性を生むには、異質な情報、異質な内容を結合すると、新しいものができ上がってきます。

例えば、経済学部で経済の勉強だけをしていた人が、たまたまほかの学問をして、哲学《てつがく》を知っているとか、法律を知っているとか、理科系の科目の何かができるというようなことがあると、それを結合させて面白いものができ上がってくるわけです。理科系の技術者が小説を勉強して書けば、科学的なサスペンスドラマみたいなものを書けるようになることもあります。

こういう異質なものの結合から、新しいものを生み出していくというのは、創造の基本です。その意味で、多様な関心を持っているということが、新しいものを生み出していく上では非常に重要です。

私もいろいろなものに関心があって、タコ足配線式に勉強することがどんどん広がっているために、ずいぶん悩《なや》んだ時期があります。「なぜ一つのことに絞《しぼ》り込んでやれないのかなあ」と悩んだことがあるのですが、結局は、長い時間をかけていくと、勉強していたものがだんだん結晶化《けっしょうか》していって、ものになっていくというようなことがありました。

これが、大学から社会人への移行期です。

受験は〝時間との戦い〟である

受験そのものについても、少しだけ言っておかなければいけないと思います。

これは〝時間との戦い〟です。残されている持ち時間はかぎられています。

まず言っておかなければいけないことは、自分の志望大学のレベルまで届いていないテキストを丸暗記したところで、絶対に受からないということです。

志望大学の問題に答えられるだけの内容を持っているものをやるということが大事です。そこに届いていないものをいくらやっても、絶対に受かりません。これはしかたがないのです。

例えば、日本史や世界史などは、山川出版社の教科書がいいという定評がありますし、当会の仏法真理塾《ぶっぽうしんりじゅく》「サクセス№1」でも、たぶんそう言われていると思います。

歴史の基礎《きそ》としては、当然教科書は勉強しておかなければいけません。しかし、教科書だけで東大の文系の二次試験を受けたら、結果は零点《れいてん》です。かわいそうなくらいですが、本当に零点です。答案を書いたら、〝書き賃《かちん》〟をくれると思うでしょう。「四百字とか六百字とか八百字とか書いて零点っていうことは、まさかないだろう」と思って答案を書くと、零点が出るのです。

学校だと、先生は生徒の顔を知っていて人情があるから、「何百字も書いてあるから零点はつけにくい。八点くらいあげようか」ということで、点はくれるのですが、大学受験の場合は、本当に零点をつけてくるのです。

出題者側は三十年くらい、日本史なり世界史なり地理なりを専門で勉強している人たちですから、目がとても厳しいのです。「生半可《なまはんか》にしか分かっとらん」と思う受験生に対してはバサーッと落としていきます。このキツさはなんとも言えません。

おそらく、駿台《すんだい》模試や東大系の模試などを受けたら、答案が返ってきてショックを受けることがいっぱいあるというのは分かるかと思います。「模試の採点アルバイトはけっこうキツい点をつけるな」と怒《おこ》るかもしれませんが、本番になったら、もっとキツいかもしれないと思ってください。書き賃はほとんど出ません。

これは厳しいです。「十個の単語を使って書け」という出題で、「六つ、七つ使ってうまく書けたから、だいたい点数が出ているだろう」などと思っていたら、零点がバーンと出ます。はっきり言って、採点者は、そんな人は相手にしていないのです。

だから、センター試験などは、山川出版社の教科書だけでも、ある程度点数が取れますが、二次試験になったら点数は取れません。

4　得点力アップのための科目別勉強法

現代文の〝勝利の方程式〟

英語については、東大入試では百二十点満点ですが、「英検一級のレベルくらいまでいったら、百点以上取れます」と、私は以前から言っています。「サクセス№1」は英検受験を生徒たちに薦《すす》めていると思いますが、英検準一級くらいを取っておけば、東大入試なら、英語は百二十点満点中八十点は超《こ》えます。このくらいまではいくと思います。

合格するかしないかというのは、ほとんど英検二級レベルでの戦いです。ほとんどの受験生が二級レベルのなかでの微妙《びみょう》な戦いを展開しています。そのくらいの差になっています。

国語は、それほど高得点は取れるものではありませんが、やり方によっては七割台くらいまでは取れる教科でしょう。八割以上取るのは、なかなか困難だろうと思います。

古文や漢文は、基本的な勉強の仕方は英語と似ています。単語や文法など、あるいは翻訳《ほんやく》したりするところが、わりによく似ています。古文・漢文の単語数は英語よりちょっと少なくて、二千から三千語覚えていれば、けっこう点数が取れます。

現代文は、やや難しめですが、大学に入ったあとに、教養学部の学問の教科書を読めるくらいの知性があるかどうかを試されているのです。

普通《ふつう》の小説ならパラパラッと読めてしまいますが、大学の教科書は半年や一年かけて授業をするので、一時間に二、三ページとか四、五ページしか読めないものがけっこうあります。精読しなければ読めないものがいっぱいあるのです。そういう精読に耐《た》えうる頭脳かどうかを、現代文の試験では見ているということです。

そのときの〝勝利の方程式〟は何かということですが、精読ができない人は、入試においては、「頭が悪い」と見なされて点数が取れません。精読は必須《ひっす》で、受験は速読だけでは通らないのです。精読ができなければ駄目《だめ》です。

ただ、精読ができても、他《た》の人よりもやや速く読めなければいけません。これが難しいのです。人より遅《おそ》いようでは、絶対受かりません。人と同じだと、受かるか落ちるか分かりません。精読はできるが、人より少しだけ速く読めなければいけない。ここがポイントなのです。

入試に必須！　精読しながら速く読むコツ

「精読ができて、人より少しだけ速く読む」には、長文のポイントはどこにあるかということを、いち早く見抜《みぬ》く力が大事です。

これはどうするかと言うと、長文がザーッと並んでいるのをパラッと見て、まず先に設問をサッと見たほうがいいと思います。縦線や横線が引いてある部分、あるいは、穴埋《あなう》め問題で穴が開《あ》いているところなど、だいたい訊《き》いてくるところが分かります。

その設問の出題されているようなところの前後に、答えはたいていあるので、文章をザーッと読みつつ、この出題されているあたりの前後のところで、ちょっと速度を落として、じっくりと粘着質《ねんちゃくしつ》に、ナメクジのようにジーッと読みます。あまり関係のないところはスーッと読んでいくようにすると、少しだけ速く読めて、少しだけ正答率が上がってくるようになります。

この能力は、役人になるときなどに意外に大事なのです。大蔵省（現・財務省）は、東大法学部の学生でも、だいたい上位一割くらいの成績の人でなければ入れなかった役所です。そこの役人などは、翌日の大臣の国会答弁に備えるために、段ボール箱何箱分もの資料を読んで、答弁の答えや質問を、徹夜《てつや》か半徹で書き上げるのです。だいたい夜中の十二時とか三時までかかって書くのですが、そのときに彼《かれ》らはものすごい速度でその資料を読みます。

下の立場の役人が、資料のなかのポイントだと思うところにマーカーを引いておいて、その上にいる課長補佐《ほさ》くらいの人たちが、マーカーが引いてある資料をパパパパパーッと見ながら、ポイントを押《お》さえて、「これと、これと、これ、ここがポイントだ」と見て、質問と答えの両方の資料を作り、朝、質問する予定の大臣と答える人に届けます。大臣や政治家は答弁でそれを読み上げているだけです。官僚《かんりょう》が力を持っている理由はそういうところにあるのです。

だから、難しくて長い文章を速く読んで、ポイントを押さえるという能力が極めて高い人たちが、だいたいそういう仕事についています。

要するに、ポイントを押さえていくことが大事なのです。

読書も本当は同じです。全部を同じ速度で読むのではなく、最初の第一章だけをちょっと丁寧《ていねい》に読んで、「だいたいこういう感じで、この小説は展開していくんだな」ということをつかんだら、第二章あたりから速度を上げていくと、速めに本が読めるようになります。最初から速く読むと分からなくなってしまうことがあるので、読み方があるのです。

こうした能力に長《た》けた人が、東大に合格していくわけです。

歴史の論述式問題に美文や名文を書くと、採点者の嫉妬《しっと》を買う

社会は、「サクセス№1」のテキストの「まえがき」などにも書いていますが、「論述式だから自由に書いたらいい」と思ったり、「きれいな文章を書けばいい」と思うかもしれませんが、それでは駄目です。決められた字数のなかに、採点ポイントと思われるものを、いかに漏《も》れなく書き込《こ》むかということが重要です。

歴史であれば、年号・人名・事件名、そして、それが何によって起きて、その

結果、どうなったのか。さらに、次の時代にどういうふうに変わっていくか。人間関係はどうだったか。この人とこの人の関係はどういう関係だったのか。国と国の関係はどうだったのか。このあたりのところを、何百字かのなかに緻密《ちみつ》に書き込まなければいけません。しかも、できるだけ無駄のない文章で、論理的にピシーッと押さえていくことが大事です。

この書き方の練習は必要です。これは客観的、論理的な能力で、作文能力と同じではないので、勘違《かんちが》いしないでください。作文が上手だとうぬぼれている人は、社会などの論述式問題で高得点が出ると思ったら大間違いです。バッサリやられます。

採点者にとっては、「あんたの創造した文章なんか読みたくない」ということで、「こちらが訊いているのは、採点ポイントの、これと、これと、これと、これと、これが全部、的確に押さえられて、説明できているかどうかを見ようとしているだけ」なので、非情にも点は引かれていきます。

美文のようなものを書いても駄目だということです。「それは作家になってからやってください」ということなので、気をつけてください。

「サクセスNo.1」の生徒向けに作ったテキストの「まえがき」に、ちょっと冗《じょう》談《だん》みたいに、「大川隆法の文章を真似しないように」などと書いてあるところがあるのですが、ベストセラーを出すような人の文章を真似て書くと、採点者たちに嫉妬《しっと》されるので駄目です。採点するほうが「こんなうまい文章を書きおって、けしからん！」と思って、点を引いてきますから、気をつけたほうがいいですよ（笑）。

そういった大学の先生たちが書いた本は、三千部以上は売れません。だから、ベストセラーのような売れる文章は絶対書いてはいけないのです。答案を書くときは、売れない文章でけっこうです。

正確で、客観的で、論理的な文章を、ただただ書くことです。点を引かれないような文章をキチッと書く練習をするほうがいいのです。売れ行きは考えないような文章を書いてください。売れ行きを考えるような文章は、大学に入ったあとから書けばよいのです。入試の論述式問題は、その前段階の学問的基礎《きそ》を見ているということです。

書き写して覚えるより、繰《く》り返し読んで覚えるほうがいい

理科系のほうでは、数学等も難度があって、一定以上のレベルに上がったら、急に解けなくなります。これも知能レベルを見られているわけです。

だから、センター試験では九十六パーセントくらい取っていても、東大の二次試験でポンポン落ちる人はいっぱいいます。そういう人たちは、易しい試験なら、

かなり正確に高得点を取れる頭なのです。

問題の難しさが上がった途端《とたん》に解けなくなってくることがあります。社会などの論述式問題で零点《れいてん》をつけられたりしたら、センター試験でいくら九十六パーセントという成績を取っていても、もう受かりません。こういった一定の難しさを要求されてきたら、途端に対応できなくなる人がいます。

論述力はなくても、知識的な詰《つ》めをキチッとやっておけば、早稲田《わせだ》大学・慶応《けいおう》義塾《ぎじゅく》大学の入試なら、社会を選択《せんたく》すれば、まず合格ラインには入ります。そのくらいまで細かくやらなければ駄目で、教科書レベルでは残念ながら受かりません。参考書レベルまでいっていないと受からないと思います。

どのくらいで覚えられるかは人によって違いますし、読む速度もあるとは思いますが、私の感触《かんしょく》だと、五百ページくらいの参考書を五回くらい繰《く》り返しておけば、だいたい、試験で八から九割取れるくらいまではいけるでしょう。もちろん教科書をやった上でなければいけませんが、それくらいは取れます。

五百ページくらいの参考書をキチッと五回くらい読み込んで、線を引いたり、周りに書き出しをしたり、見出しを付けたり、マーカーを引いたり、メモを取ったりしていると、そのくらいできます。

ただ、ノートみたいなものをあまり取りすぎたら駄目です。書くと時間がかかるので、できれば読むだけのほうが速くていいのです。読みながら線を引いたり、囲んだりして、あるいは、ちょっと書き出す程度で暗記ができるなら、そのほうが時間は節約できます。

これをサブノートに全部写すなど、ほかのものに書き写さないと覚えられないという人は、二十倍くらい時間がかかります。ですから、実際にこれをやると損をします。

読んで覚えられるなら、色でも付けて楽しみながら覚えられるものは覚えてください。読む回数を増やしたほうがいいと思います。だいたい五回くらいやると、合格ラインに入るのはほぼ確実だと思います。

英単語は千語覚えたら、学力がドンと上がる

私は、英語の単語・熟語集やテキストなども出していますが、それらもだいたい千語くらいを中心にしてできていると思います。それらは六回繰り返すと、だいたい覚えられます。

繰り返しの時間の間が空きすぎると忘れていくことが多くなるので、歩留《ぶど》まりが落ちるのですが、六回繰り返すと、だいたい千語くらいの単語集だったら覚えられるようになっています。

ただし、一日三個ずつとか、五個ずつ覚えるということをしていると終わりま

せん。できたら一週間で一回くらい、通して読むほうがいいと思います。このくらいで六回繰り返して、そうすれば、六週間、一カ月半で一冊はいくと思います。だから、六回でだいたい覚える線を引きながら読むと、だいたい覚えられます。だから、六回でだいたい覚えるのです。

一回で全部覚えてしまおうとしたら時間がかかりすぎるので、六回くらい繰り返し読んで覚えます。千語くらい単語が増えれば、学力はドンと一つ上のランクまで上がります。「千語増えれば一つ上へ上がる」と覚えておけばいいと思います。

英語は、最終的には、過去問を解かなければ駄目でしょう。いい過去問で、よくできた長文の英文などは二十問から三十問分を、単語や熟語を調べたりしながら全部訳して、繰り返し暗唱するくらいに音読しておくと、英文解釈《かいしゃく》、英文法、英作文など、いろいろと役に立ちます。これは第1章で述べた通りです。

音読すると、分かっていないところがはっきりするようになります。読んでいると、つかえるのです。分かっていたつもりでいても、音読してみたらつかえるので、そこが分かっていないということなのです。

一度、塾などで教わったような問題のなかから、いい長文をある程度選んで、暗唱しようとして、音読してみたらいいと思います。引っ掛《か》かったら、そこは生《なま》半可《はんか》な理解になっていて、意味がよく分かっていないか、構文がよく分かってないということを意味しています。

小論文や後期試験の内容は、私の説法を聴《き》いていたら全部書ける

理科の科目はいろいろあるので、全体については複雑になってしまって話しにくいのですが、記述式が多いところもあるので、そのあたりは別途違う意味の難

しさはあるのかなと思います。歴史と同じく、ある程度、解説がきちんとされているものを読んでおかなければ書けないだろうと思います。事柄《ことがら》だけ暗記していても、文章は書けないので、前後の説明がよく書いてあるような参考書などを読まないと駄目だと思います。

論文は、入試で小論文が出る場合と、国立の後期試験がありますが、幸福の科学は、小論文や後期試験に対しては非常に強いのです。信者の受験生を見てみても、昨年度の後期試験は、わりに合格率が高いことが分かりました。

昨日も東大の過去の後期試験の問題を十年分くらい見てみたところ、私の説法を聴《き》いていたら、全部書ける問題ばかりでした。「ええ!? これなら全部書けるじゃない」と、もう驚《おどろ》くばかりです。その年に私の説法を聴いていたら、全部書ける問題ばかり出ていたのです。

教科書や参考書は、少しだけ内容が古くなります。そのため、何年か前くらいまでのことしか書いていないのですが、小論文や後期試験の論文に出る問題というのは、一年前の九月以降から、その年の夏くらいまでに起きた出来事のなかで、政治・経済・社会的な問題やトラブルになったような、時事的なテーマを出してきます。

例えば、今だったら（説法当時）、戦争と平和に関することや、憲法を絡《から》めた問題、エネルギー問題、宗教間対立みたいな問題が出てきたりします。だいたい出るものの予想はある程度つきますが、私の説法ないし本を読んでいれば、ほとんど書けます。

そこまで時間がないという人には、月刊「ザ・リバティ」（幸福の科学出版）があります。入試前の一月から二月頃《ごろ》に、前々年の秋から前年の夏くらいまでの「ザ・リバティ」で、政治・経済関係のトピックスが出ている記事だけ読んでおけば、だいたい書けます。それ以降の号の内容は、試験問題がもうでき上がってしまっているので出題されません。

政治的に右か左かなど、どちらのサイドになるかという問題はあっても、論理的に理由付けがしっかりと書けていれば、点数は出ます。後期試験も無駄にはしないでください。

ですから、幸福の科学はありますから、チャンスはあります。受かる可能性はかなり高いと思います。

幸福の科学の学生は小論文などには特に強いのです。これは、幸福の科学の学生がほかの学生よりもいろいろな教養を持っていることを意味しています。いろいろなところから、いろいろなかたちで、知識が入っているのです。だから、けっこう書けます。理科系の人でも、当会には文化系的な素養を持っている人が多いということです。

「大学受験と人生の成功」については以上にします。

第3章

受験で迷わないための実践《じっせん》アドバイス

【質疑応答編】

1 「文系か理系か」「国立か私立か」の進路選択《せんたく》のポイントは？

【質問】

高校生になると、高一から高二くらいで、「文系に進むか、理系に進むか」という選択肢《せんたくし》が出てきます。また、高二から高三の間に、「国立を受けるか、私立を受けるか」という選択肢も出てきます。こうした選択の判断をするに当たり、何かポイントがありましたら、教えていただければと思います。よろしくお願いいたします。

二〇一一年十一月十六日、法話「ミラクル受験への道」質疑応答より
東京都・幸福の科学 総合本部にて

「数学ができるから理系に進む」の落とし穴

世間では、「高二で、数学や理系科目ができなくなるかどうか」ということくらいで、わりと簡単に、文系と理系を分けてしまうことが多いようですね。

私の場合、高校二年生のとき、担任が英語の先生で、シェークスピアの研究をしている人だったのですが、「文系と理系に分かれるが、簡単に言うと、社会に出ると、文系の人のほうが上に立つ。上に立って人を使うのは、文系の人になるよ」と言っていました。私は、「ああ、そうか」と思って、文系にしたのを覚えています。

確かに、事務系のほうが多い会社や、社員数の多い会社になると、文系の人のほうが、人を使ったり、営業をしたりするのがうまくなるのです。

「数学ができるから理系に進む」といっても、実際には、社会に出てから、自分より少し数学ができなかった文系の人のほうが上になる場合もあるので、できれば、「将来、どのような職業に就くか」ということを考えてから選ぶほうがよいでしょう。「科目の点数だけで判断しない」ということです。

ただ、一つ付け加えたいことがあります。

「数学ができて理系に進んだら、損をするのか」という言い方もあると思いますが、ある調査によると、「文系でも、数学ができた人のほうが、大学卒業後、年収は五十万円以上高い」という結果が出ています。

この分析《ぶんせき》対象になったのは、早稲田《わせだ》大学政経学部など、有名私立大学の文系学部の卒業生であり、受験のときに数学を取った人と取らなかった人について追跡《ついせき》調査したところ、「平均で見て、数学を取った人のほうが、社会に出てからの年収が五十万円以上高い」という結果が出たのです。

つまり、「理数系科目ができることは、必ずしもマイナスに働くわけではない。

『正確で速い頭脳』『計算や数字に強い』ということも、役に立つことがあるのだ」ということです。

なりたい職業によって、選ぶべき進路は変わる

もし、職業設計というか、「自分は、このようになりたい」と思うものがあるのであれば、基本的には、その方向に才能があると思われるので、そちらのほうに行ったほうがよいでしょう。

ただ、例えば、「医者になりたい。病気の人を救いたい」と思っても、医学部に入るには、数学ができなければいけません。本当は、数学は、ずばり医者とは関係がない科目ですよね。数学や物理ができても手術ができるわけではなく、実際は、生物や化学のほうが関係はあるし、手先が器用かどうかという点では、技

術・家庭の点数のほうが要《い》るかもしれないのです。

そういうことがあって、「希望しても行けない」ということはあるかもしれませんが、できるだけ将来の職業設計を考えてから進んだほうがよいと思います。

また、「職業設計をまだ決められない」という人の場合は、就職などに有利な、つぶしのきく学部を選ぶのがよいでしょう。例えば、理系であれば、工学部系に行くのもよいし、文系で、「どの職業に就いたらよいかが分からない」という人であれば、法学部系や経済学部系に入っておけば、それほど違《ちが》いはないと思います。

私の場合は、高校時代、すでに、どちらかというと思想的なものに惹《ひ》かれる傾《けい》向《こう》があったため、文学部系統に少し惹かれていました。ただ、「文学部系統では、就職が少し難しいというか、よい就職先があまりないのではないか。男として、就職先がやや狭《せま》くなるのではないか。やはり、飯を食べられるほうを選ばなければいけない」ということで、たまたま法学部へ行ったのです（笑）。

しかし、今は仕事として宗教をしているので、結局、文学部や宗教学部のほうに引っ張っていかれました。「大学で、法律や政治、経済を勉強したのは、いったい何だったのだろうか」と思うところはありますが、「社会勉強になった」ということと、「遠回りにはなったけれど、教団が宗教を超《こ》えたものを数多く発信するための材料になった」ということは言えると思います。

法学部に行くことのメリット

それから、当時、私には、「受験時代の数学を究められなかった」「理数系のほうでの論理的な頭脳を完全に鍛《きた》えられなかった」という悔《くや》しさが少し残っていたので、「法学部へ行って、法律の勉強をし、リーガルマインド（法律的思考）のような論理的思考を学べば、それに代わるようなものが身につくのではないか」

という期待もあって、法学部へ行ったのです。

実際、法律の勉強にはそういうところがあって、法学部では論理的に考える訓練を少しすることができました。法律の問題には、数学の証明問題を解くのと似たようなところがあり、場合分けしながら、ロジカルに考えていく訓練ができたのです。

「自分には少し理性的なところが足りないので、それをカバーしよう」と思って、法学部に進んだところがあったので、「やや論理的に考えることもできるようになった」という点は、プラスに考えています。

それから、大学の専門学部へ上がると、例えば、法学部の場合、最終的には「社会一科目」とほとんど変わらない状態になります。入学する前にはいろいろな科目を勉強していますが、社会一科目と変わらなくなるため、いわゆる暗記する力が要るようになるのです。

そのため、大学に入ってからの出来不出来は、受験時代とはまた違います。模試にはA判定からE判定まであり、なかには、下のほうの判定で入る人もいるでしょうが、劣等感《れっとうかん》を持ちすぎず、新たな気持ちでやり直すことが大事です。

記憶力《きおくりょく》を鍛えることで、学問的な限界を突破《とっぱ》できた

私は宗教家をしていますが、大学時代、一緒《いっしょ》に勉強していた人で、その後、裁判官になり、最高裁に入った人よりも、法律がよくできました。「彼《かれ》は、私より十何点も下だったな。その彼が最高裁にいるのか」などと思うだけでも、少し自信が出るところはありますね。

私は、裁判官の判断など、全然気にもしていませんが、それは、「今の仕事には関係がないけれども、そういう仕事も、やろうと思えばできる」という自信が

あるからです。

私の長男は法学部に通っているので（説法当時）、たまに、「ゼミで、このような問題が出ていますが、どう思いますか」と訊《き》いてきます。一世代前に勉強したことなので、普通《ふつう》の人であれば忘れているでしょうが、私の場合、「これについては、憲法何条にこう書いている。これについては、民法にこう書いているはずだ」と言って、その場で条文を言えるのです。

息子はのけ反《ぞ》って驚《おどろ》いていました。「まだ条文を覚えているのですか。三十年経った今でも、何も見ずに、条文を言えるのですか」と言うので、「法学部であれば、普通、言えるのではないか。大学時代、三千条以上は覚えたよ」と答えたら、息子のほうは、もう腰《こし》を抜《ぬ》かしていたのです。

かつては、そのような時代だったのかもしれません。息子の通っている大学の場合、塾《じゅく》のように、教官が丁寧《ていねい》にプリントを作って配り、プリントごとに授業を進めているそうです。「教科書は？」と訊くと、「教科書などは読めないので、プリントを配って授業をやっています」という返事だったので、少し驚きました。ほかの大学でもそうなのかどうかは知りません。

とにかく不思議なもので、私は条文だけでなく判例まで覚えています。驚異《きょうい》の記憶力《きおくりょく》を持っているのですが、この知識自体は今、ほとんど役に立っていません。ただ、ほかの分野に触手《しょくしゅ》を伸《の》ばしていく上では役に立ったと思います。学問的な限界がなく、次のところへ、次のところへと触手を出していけたのです。

質問は、まず、「文系・理系を選ぶポイント」でしたね。これについては、職業設計から判断したほうがよいでしょう。

ただ、「医学部に行きたい」といっても、数学や理科のウエイトが重くて、どうしても学力が届かないならば、あきらめて、ほかの道に進むのも、しかたがないかと思います。

科目を絞《しぼ》るメリットと、絞らないメリット

次に、「国立か、私立か」ということですが、文系の場合、最終的には数学が決め手になることが多いようです。数学を捨てて、私立志望にすれば、負担はグッと楽になります。あるいは、理系であれば、「社会などを捨てられるかどうか」ということが大きいようですね。

確かに、科目を絞《しぼ》ったほうが受かりやすいこともあるので、早めに見切って三科目に絞り込《こ》める人は幸福かもしれません。

なお、私は受験のとき、七科目の試験を受けましたが、「もう少し科目があってもよかったかな。せっかく勉強したのに、試験がないのは寂《さび》しい。社会二科目・理科二科目だったが、三科目くらいずつあってもかまわなかったかな」という感想を持ったのです。

せっかく勉強したのに、試験を受けられないのは残念なことです。私は、社会については、受験で日本史と世界史を選択しましたが、地理や倫社《りんしゃ》（倫理・社会、現在は倫理と現代社会に分かれている）もできたので、「四科目くらい試験があってもよかったのに」と思うくらいの感じはあったのです。

こうした傾向が、のちのち、職業的に対象が広がって、いろいろな仕事ができるようになっていることにつながっているのかもしれません。

ただ、人によって、それぞれキャパシティー（容量）があるでしょうから、そのあたりの選び方が大事になってくるわけです。

そして、国立と私立とでは、偏差値《へんさち》の見方が違うので、気をつけてください。ときどき、それを分かっていない人がいますが、三科目と五科目とでは、同じ偏差値でも難度が違うのです。すなわち、五科目を受けなければならない学校の場合、偏差値が十くらい下に見えても、三科目の人が受けたら、実際は受からないのです。偏差値で十くらい差があると見ていいいと思います。

なりたい職業が決まっていない人は国立系に

国立系に進む人の場合は、だいたい、オールラウンダーになる傾向が強く、文系でも、理系の要素を持っている人が多いし、理系でも、文系の要素を持っている人が多いのです。いずれにせよ、基本的には、いろいろなものをこなせるようになっていく傾向があるように思います。

一方、「私立に絞り込んでいく」というのは、最初から職業に合ったものに特化していくスタンスであって、その場合、無駄《むだ》な労力を省くスタイルができるのかと思います。ですから、「将来、なりたいと思う職業につながる」というのであれば、それも悪くはないでしょう。

国立系に行く場合は、なりたい職業がまだはっきりと決まっていないタイプの人がわりあい多いですね。「大学卒業の段階で資格試験等を受け、それで専門を決めていく」というように、もう〝一回戦〟やるくらいのつもりの人が多いかもしれません。

ただ、全般的《ぜんぱんてき》な傾向としては、国立系の人のほうが、いろいろな範囲《はんい》やジャンルに対して関心を持ちやすい傾向があるでしょう。そして、例えば、文系の人は、数学などを完璧《かんぺき》に忘れていったとしても、どこかに痕跡《こんせき》が残っていて、何かで数学的思考が働いている可能性はあるのです。

最後に、もう一度繰《く》り返しますが、理系・文系の選択については、できれば、職業設計から考えるべきでしょう。

次に、国立・私立の選択については、自分の学力、得意・不得意科目等を考慮《こうりょ》した上で考えたらよいと思います。

2　東大に合格するための具体的ノウハウ

【質問】

私は、高校三年生で、東大文Ⅰを志望しています。

ここに来て、東大のハードルの高さが分かり、今までの努力ではまったく足りないことに気づき、「過去、どうして、もっと頑張《がんば》らなかったのか」と、自分を責める気持ちが湧《わ》いてくるようになりました。

ただ、どうしても東大に合格したいと思います。これから自分を変えて、本気で頑張っていきたいと思うのですが、入試までの残り九カ月間、どのようなことを念頭に置き、努力していけばよいでしょうか。過去の自分を責める心の克服《こくふく》も含《ふく》め、指針やアドバイスをいただければと思います。

二〇一三年五月六日、法話「大学受験と人生の成功」質疑応答より
東京都・幸福の科学 戸越精舎にて

東大には「天才」は一人もいないのが実態

まず、東大の実態について話したいと思いますが、なかには、天才のような人は一人もいません。私は、そういう人と会ったことがありません。みな、本当に凡人《ぼんじん》です。

もっと細かく分類すれば、比較的《ひかくてき》頭がよくて、普通に勉強して受かったように見える人と、ガリガリ勉強して受かったように見える人とが、それぞれ四分の一くらいずついて、次の四分の一は、ただただ体力に賭《か》けて受かった人であり、残りの四分の一は、なぜかは分からないが受かった人なのです。だいたい、そうい

う比率になっていて、後者になればなるほど、入学後、苦戦が続くことになります。

そして、試験では五十点以上が合格なので、同じ学部のなかで、九十点台から五十点台まで差が出ます。教養学部でも専門学部でも、そのくらい差が出るわけですが、全般的《ぜんぱんてき》に見て、「天才」というような人はおらず、残念ながら、秀才《しゅうさい》までしかいないのです。

必要なのは、単に頭のよさだけではない

私もいろいろな人に訊《き》いてみましたが、駿台《すんだい》模試などで成績優秀者の一列目に名前が出ている人たちは、だいたい、「睡眠《すいみん》時間は四時間だ」と言っていました。睡眠不足で亡くなる人が出るといけないので、あまり強調したくないのですが、

四時間くらいしか寝《ね》ていない人ばかりだったのです。

「一日十六時間、勉強した」「十八時間、勉強した」などという人ばかりで、なかには、「二十時間、勉強した」という人までいました。残り四時間でどのように生活したのでしょうか。

私が「最高十六時間、勉強した日がある」と言ったところ、「二十時間、勉強した」と言う人がいたので、まいりました。生活時間が取れないので、私は、さすがに二十時間も勉強はできなかったのです。

しかし、彼らのほとんどは、東大に入ってから消えていきました。睡眠時間を削《けず》って、なんとかゴールだけ切ったとしても、ゴールを切った瞬間《しゅんかん》、つまり、大学に入った瞬間、パタッと倒《たお》れるのです。

したがって、必要なのは、単に頭のよさだけではないのです。

駿台模試の成績優秀者の一列目に載《の》っている人でも、場合によっては、半分は落ちています。かわいそうですが、成績優秀者だった人が本番では落ちて、その百点下、二百点下だった人が受かることもあるのです。この怖《こわ》さはなんとも言えません。「問題が違《ちが》う」と言えば、それまでです。「得意なところが出る場合」と「出ない場合」とがあり、そのあたりで違いが出るようなので、受験には、なかなか読み切れない面があるのです。

結局、「東大は、マンガに出てくるような天才受験生でなければ、受からない」ということは、ほとんどありません。

理Ⅲについても同じで、私は天才に会ったことなどありません。みな、ぼんくらばかりで……。いや、言葉を改めましょう（笑）。文系から見ると、「あまり頭がよくない」と思うような人ばかりでした。

何か一つのことはすごくできるのですが、それ以外になると、急に話題がまったくなくなるタイプの人ばかりだったのです。何かについて絞《しぼ》り込《こ》み、延々とやり続けただけなのだろうと思います。このように、頭の良し悪しだけで決まるものではないのです。

量を求めるより、かぎられたテキストをマスターすること

残された時間がすでに決まっている場合は、「どこまでやり込んだか」ということが大きいようです。

特に、社会などになると、やらないかぎり、点が取れるようにはなりません。そのため、睡眠時間を削ってでも、勉強するようになるわけです。

例えば、「教科書を十二回読み、参考書を五回読む」ということであれば、ものすごく時間がかかるので、睡眠時間を削っていくしかないでしょう。

しかし、それをやらなければ、絶対に点は取れません。勉強しなかったものに

ついては、点が取れないのです。それで、大学に入ってから燃え尽《つ》きる人もいるわけです。ただ、それを乗り切る人もいるので、また違いが出ることはあります。

なかには、要領よくヤマを張り、運よく受かる人もいますが、通常は、どうしても一定時間がかかるのです。

社会のような暗記科目に関しては、とにかく勉強しなければ、できるようにはなりません。

それから、過去問については、繰《く》り返し取り組んでもよいと思いますが、気をつけなければいけないのは、「過去問の量は〝エンドレス〟で、いくらでもあるので、やっているうちに、だんだん自信がなくなってきて、まとまりがつかなくなることがある」ということです。その場合は、テキストを絞《しぼ》って勉強し、マスター感を持ったほうがよいでしょう。

予備校ではどこも薄《うす》いテキストを使っていますが、量が多いと不安感が出るからです。やはり、マスターした感じを持つことが非常に大事です。

数学と英語の直前対策

数学に関しては、基本的には、「解法のパターンをどのくらい覚えられるか」ということが問題になります。

チャート式の参考書などに、よく、例題と解説が載っていますよね。あれは、一つの解法のパターンを示したものですが、文系なら最低で百パターン、理系なら二百パターン、理Ⅲを目指すなら三百パターンくらいは覚えておきたいところです。

そして、本番では同じ問題は出ないので、実際は、「その解法のパターンを組み合わせて、問題を解く」ということになります。

ただ、基本的には、文系であれば文系科目で、ある程度、高得点を取らなければいけないでしょう。全科目を同じ割合で取ろうとしたら、受からないことが多いのです。

英語については、「短期間で能力を伸《の》ばそう」と思ったら、最後は、長文読解に絞るのがよいでしょう。長文読解にはすべての要素が入っているので、ここで勝負をかけ、長文読解問題の英文を繰り返し音読して覚えることです。

参考書のなかには、二十五年分の過去問を収録したものもあります。時間があれば、全部取り組んでもよいでしょうが、できなければ、直近の五年分くらいだけを繰り返し、覚えるのでもよいと思います。

東大を目指している人には、体力に負荷をかけて勉強している人が多いので、そのなかを勝ち抜《ぬ》くのは、なかなか大変です。ただ、それで燃え尽きてしまい、入学後、遊んでばかりいる人もたくさんいます。先はいろいろと分かれるので、なんとも言えません。

東大に入ることの特典は、世間から「バカだ」と思われないことですが、合格したことをもって燃え尽きた場合には、その後、勉強が続かなくなるので、若干厳しくなるとは思います。

とはいえ、東大志望であれば、一日十二時間から十三時間くらい勉強しているのが普通です。そのくらい勉強しなければ、東大には受からないのです。

浪人生《ろうにんせい》へのアドバイス

浪人生《ろうにんせい》にもアドバイスをしておきましょう。

「浪人をしたら勉強時間が増えるので、受かるだろう」と思うかもしれませんが、現実には、一年後、成績が上がる人は全体の三分の一です。同じくらいの成績になる人が三分の一であり、成績の下がる人も三分の一いるのです。結果はこうなります。

浪人して一学期は勉強し、成績が上がることもありますが、夏が過ぎたら現役生に抜かれていって、落ちてくることがけっこうあります。ですから、「成績が上がるのは三分の一、変わらないのが三分の一、下がるのが三分の一」と考えてください。

一学期の成績を見て、「おお、すごい」と思っても、だんだん現役生に負けていくことがあるので、浪人生は、そのあたりの配分を忘れないようにしていただきたいと思います。

最後はテキストの「絞り込み」と「繰り返し」にかかっている

ここまで来たら、もう、どうしようもありませんが、基本的には、入試問題が解けるようになることが大切であり、最後の頭の良し悪しは、テキストの絞り込みにかかっていると思います。

すなわち、「これで受かる」と思うものを絞り込んで、とにかく繰り返すことです。繰り返さないものは、定着しないのです。「これだけやれば受かる」というテキストに絞って、いかに繰り返すかが大事です。テキストを上手に絞り込めた人は、勉強時間を少し短くできて、睡眠時間を少し増やすことができるようになります。

絞り込みができない人は、あれもこれも手を出します。ただ、科目ごとに、いろいろなものに手を出しすぎた人は、たいてい受かりません。なぜなら、まとまりがつかなくなるからです。

旺文社《おうぶんしゃ》などは、「大学入試問題は多ければ多いほどいい」と思っているのか、電話帳のような分厚い参考書を出していますが、あのようなものを解き始めると、だんだん自信がなくなってきます。やっているうちに、実力がついているのかどうかが分からなくなってくるのです。

やはり、セレクトされたものをマスターし、自信をつけることが大事です。

そして、得意科目については、取れるだけ勉強時間を取り、苦手科目については、「このあたりまでで止める」という〝防衛ライン〟を引いて、時間を使いすぎないようにしなければいけません。

受験生は「時間の管理術」を学んでいる

要するに、この一年間で学ぶことは、「時間の管理術」でもあるのです。受験勉強を通して、「時間をどのように管理するか」ということを勉強するのは、将来、仕事の面でも役に立つのです。

私は、著書のなかで、何度か、「東大を出ても、仕事ができない人もいる」と指摘《してき》しているので、それを心配している学生もいるかもしれません。

では、東大を出ても仕事ができない人の特徴《とくちょう》は何でしょうか。

勉強ができること自体は悪いことではありませんが、実は、勉強に専念している間は、すごく利己主義になります。これは、ならざるをえないのです。ほとんどの人がそうなります。一年間や二年間、自分中心になり、「勉強の邪魔《じゃま》をしないでほしい」という気持ちになるのは、しかたがないでしょう。

ただ、大学に入ったあとも、利己主義者のままで勉強し、社会人になっても、「自分が出世したい」「自分が偉《えら》くなりたい」というような人がいます。こういう人が出世しないわけです。

一方、受験勉強をしたが、その後は、「学んだことを世の中のお役に立てたい」

と思って勉強を続けていった人が、世の中に出たとき、出世するのです。

勉強しすぎるとエゴイストになりますが、「将来、人々の役に立つ仕事をするために、今、自分を鍛《きた》えているのだ」と思っているようなタイプの人は、大丈夫《だいじょうぶ》です。

しかし、「自分のためだけに、合格したい」とか、「親や友達が褒《ほ》めてくれるから、合格したい」というだけのタイプの人は、やはり、長くは続かないのです。

そのあたりについても考えてください。

完全な人はいません。東大を百人以上受けるような進学校のトップでも落ちることがあるし、駿台模試で一番だった人もよく落ちています。

〝受験のプロフェッショナル〟のようになって、細かいところばかり気になるようになると、普通のオーソドックスな問題のときにも、「何か引っ掛《か》けがあるに違いない」などと疑ってかかるようになります。そうして、人が書かないような解答を書いて、落ちるのです。浪人をすると、もっと細かいところに入っていき、落ちることもあります。

したがって、一定の見切りが必要です。「この程度の量で、合格ラインを超《こ》えられる」というところを見切り、そのバーの超え方をマスターすることが大切なのです。

「繰り返しは力だ」

ただ、学校は東大以外にもあり、別に、「ほかの学校だから駄目《だめ》だ」ということはありません。東大を志望するという、「心意気や、良し」というところですね。

また、東大に通っていても、なかでの成績は、九十点台から五十点台に分かれますし、なかには、五十点も取れない人もいます。ですから、余力を少し残しておきたいところですね。

やはり、問題集や参考書の選定に絞り込みをかけることが大事です。そして、「繰り返しは力だ」ということを知っておいてください。五回くらいやれば、だいたい身につくので、繰り返すことが大事なのです。

東大を目指すのは、大変だろうと思います。ただ、東大生は、その分、威張《いば》っているので、〝お駄賃〟がないわけではありません。もちろん、威張りすぎていると、あとで周りからいじめられるようになることもあります。要は、威張りすぎず、「世の中のお役に立とう」という気持ちさえ持っていればよいわけです。

勉強ができることは、よいことです。ぜひ頑張ってください。

東大を目指す受験生は、勉強をいっぱいいっぱいまでやっています。差がつかないくらい、いっぱいいっぱいまで勉強しているのです。

体力にものを言わせて入ってくる人と、まぐれで入ってくる人については、どうしようもないし、もともと頭がよい人も、それほど人数はいないので、気にしないことです。頭がよさそうに思えても、そう見せているだけで、実際はそうでないことも多いのです。

かぎられた時間内に成果をあげる訓練を

とにかく、「今、時間管理術を勉強しているのだ。短時間で一定の成果を出す力を試されているのだ」と考えてください。

これは、社会に出たときに、非常に大事な力となります。勉強を延々とする人はたくさんいますが、ただ勉強をしているだけでは駄目です。「それが何を生み出すか」という成果へと結びつけることが大事であり、その力が、実は、社会に出て出世する力となるのです。

例えば、東大を出ても、会社で窓際になるタイプの人は、調査部のような所へ配属させられます。そういう所には、「ただただ新聞や雑誌を読み、調べものだけをする」という仕事を延々と機嫌《きげん》よくやっていて、何も生み出さないタイプの人がたくさんいるのです。これが出世しないタイプです。

一方、出世する人は、「勉強したものを、仕事に使えないか。仕事に結びつけて、何か生み出せないか」ということを考えるタイプの人なのです。

勉強の仕方についても同じことが言えます。受験勉強を通して、「いろいろな材料から、成果を出していく」ということを勉強していくとよいでしょう。かぎられた時間内に成果をあげる訓練をすることで、こうした時間術をマスターすることが望ましいと思います。

内実は、けっこうボロボロになるまで勉強している人がほとんどです。「強迫《きょうはく》してはいけない」と思いつつも、実態はそうなのです。たまに、「一日、ほんの二、三時間しか勉強しなかった」と言う人もいますが、「嘘《うそ》つきだ」と思って間違いありません。そんな人はいないのです。

ただ、コツコツ勉強する習慣を身につけておけば、学生時代のみならず、社会人になっても役に立ちます。最後は、「勉強は道楽《どうらく》だ」と思って、とにかく好きで勉強している人には、絶対に勝てないのです。したがって、「強迫観念で勉強するよりも、好きで勉強するほうがよい」と考えたらよいと思います。

大量の情報を短時間で処理できるのが東大生の力

最終的には、大量の情報を短い時間で処理できる能力が必要になってきます。

結局、東大出の人たちの特徴は、ここです。「大量の情報を、いかに短い時間で集約してマスターできるか」ということが、彼らの特徴なので、ここのところを努力することです。

また、第2章で述べた、ポイントを見抜く力も必要です。「いろいろなところを読んで、ここがポイントだ」と見抜いていく力が、いちばん問われるところなのです。

誰《だれ》だって、合否は五分五分なので、もう、やるしかありませんよ。

今年（二〇一三年）は、大学入試用のテキストもかなり作ったので、「来年は、『サクセス№1』も幸福の科学学園も、合格者数が大幅《おおはば》に伸びるだろう」と期待しています。

なにせ、ほかの予備校の先生には、全然、霊感《れいかん》がありませんからね。一方、ここには霊感があるので、よく当たるのです。こちらでも、大学入試問題対策を立てていますが、霊感があるので、「ほかのものより、当たる率が多少高い」と思っていただいてけっこうかと思います。

あとは、「努力あるのみ」「神のご加護《かご》を願うのみ」です。

一日十二、三時間の勉強は当たり前

道は厳しいです。ただ、それだけの代償《だいしょう》を払《はら》わなければ、東大には合格できないし、実際、楽々受かるような頭のよい人はいやしないのです。これを言っておきたいと思います。

私も、受験生のときは、一日十二時間、十三時間と勉強したんですよ。やはり、一定の量をこなさないかぎり、合格ラインには届かないので、しかたがありません。どうしても、そのくらいはかかるのです。

ただ、人生は長く、本当の勝負は長いので、あとのための余力を少し残しておいたほうがよいと思います。

剣道《けんどう》で言えば、「残心《ざんしん》」というものです。打ち込んだとき、相手にパッとかわされたら、自分は守りががら空きで隙《すき》だらけになります。そこに、相手からポーンと打たれたら、それで終わりになってしまいます。

したがって、全力で打ち込まなければいけないのですが、そのあと自分が反撃《はんげき》を受けたときに、パッと対応できるだけの「心」を少し残さなければならないのです。

細切れ時間の活用を

あとは、細切れの時間を上手に使ってください。まとまった時間ばかり求めては駄目ですし、単語や熟語などを覚えるのに十五分以上かけたら損です。一時間も単語の暗記ばかりやるのは、愚《ぐ》の骨頂《こっちょう》です。バスや電車のなか、あるいはトイレのなかでもよいですが、一日のうちの十分や十五分の空いている時間を使って、覚えるのがよいでしょう。

また、能率が下がってきたら、科目を変えることです。対象を変えると、また能率が上がります。休んだのと同じ効果があって、急に勉強ができるようになるのです。

さらに、模試では全体から出題されるため、単元別に勉強していると、追いつかない場合があります。例えば、数学でも、単元別に順番にやっていると、やった単元はできるけれど、それ以外の単元はできないということがあるし、悲しいけれども、次の単元に進んだら、前の単元を忘れてくるということも起きます。

こういう場合、どうすればよいでしょうか。例えば、問題集中心でやるのであれば、各章から一題ずつくらい取り出し、六題くらいの試験問題を自分で作ってみるのです。

私も、これをやっていました。自分で試験問題を作り、自分で時間を決めて、六題解くわけです。すると、いつも演習をしているような状態になるので、どの分野から出ても、できるようになったのです。

それから、模試は、答案が返ってくるのが遅《おそ》いため、やりっ放しになり、結果だけを見て終わりになっているでしょうが、夏休みや冬休みなど、まとまった休みが取れるときに、もう一回解き直し、復習してみると、急に学力が上がることがあります。

私にも経験があります。模試に出た数学の問題を、六回分くらいまとめて解き直したら、成績がガッと上がったことがあるのです。いわゆる「温故知新《おんこちしん》」をやると、成績が上がることもあります。

現役生の場合、入試直前の学力を過去問で測りたいものだから、センター試験が終わってから、過去問に取り掛かる人も多いでしょうが、やはり、もっと先にやっておかないと間に合いません。むしろ、模試のほうを「新作の入試問題だ」と思って、解かなければいけません。

いろいろなことを述べましたが、「時間の使い方」を考えて頑張ってください。受かるといいですね。

3　医学部を目指すための心構え

【質問】

私は、小さいころから体が弱く、大川隆法総裁の教えに何度も命を救っていただきました。幸福の科学学園にも通わせていただき、今までの私、そして、家族があるのは、本当に大川総裁のおかげです。

今度は、私の今までの人生の恩返しとして、命を救い、世のため人のため、主のために、人生を捧《ささ》げていきたいと思います。そのために、今は、医学部を目指して浪人《ろうにん》しており、一日一日、一生懸命《けんめい》努力しています。大川総裁から、何かメッセージなどをいただけますよう、よろしくお願いします。

二〇一三年五月六日、法話「大学受験と人生の成功」質疑応答より

東京都・幸福の科学 戸越精舎にて

多浪《たろう》が多い医学部志望者

今は、幸福の科学学園から医学部も受かるようにしようとして、新しく、ソフトのほうに手を入れているところです。学園の高三生で東大理Ⅲを目指している人がいるそうなので、合格ラインに届かないと申し訳ないし、「那須《なす》の山のなか（注）へ行ったので、理Ⅲは受からなかった」と言われたら悔《くや》しいので、なんとか受かるところまで、ソフトは準備しています。

医学部は、一般的《いっぱんてき》には難しいことは難しいと思います。数学ができないと、受からないようです。数学ができないと医者になれないと言うけれども、本当は、医者の仕事から見ると、必ずしもそうではないのではないかなという面はありま

（注）幸福の科学学園中学校・高等学校（那須本校）は栃木県那須郡に所在する。

す。医者は数学をあまり使わないんですよ。使うのは、別のもののほうが多いのです。これは「どうかなあ」と思うことはあるのですが、これも〝知能検査〟の一部かなと思います。

毎年、何百人も医学部に合格して、実際に医者になれるのは少しだけというような、司法試験型の試験をしたら、医学部へ入ったものの、なかなか医者になれないという人がいっぱい出るので、医学部に入る段階で締《し》めて、あまり医者が増えすぎないように抑《おさ》えているのです。だから、医学部は難しいのだろうと思います。

医者は、職業の安定を守ろうとしているので、それはそれで、早めに勝負が決まっていいのかなと思います。

ただ、限度はあると思います。あなたは体が弱いということですから、人の病気を治したいと思うのでしょうが、医学部の場合、浪人でも多浪《たろう》する人は極めて多いですよね。

二浪、三浪、四浪、五浪と、私の知っているかぎりでは十三浪までいました。東大医学部を目指して十三浪です。しかも、子供を二人連れていました。奥《おく》さんが働いていて、自分は予備校に通っているという、ヒゲをいっぱい生やしているような人もいましたが、これはもうほとんど〝趣味《しゅみ》〟ですね。

「頭がいい」というだけで医学部を目指していないか

だから、医学部を狙《ねら》う人のなかにも、「仕事として医者になりたくて、どうしても」という人もいるけど、「頭がいい」と周りの人から褒《ほ》められたいだけで目指している人がいることも事実なので、自分にそうしたところがないか、謙虚《けんきょ》に反省してみてください。

それでも、自分の心のうずきとして、「医者になって、人の病気を治したい」という気持ちのほうが強く出るのであれば、いろいろな医学部がありますし、入ってからの努力も六年間必要です。ですので、自分に合うところがどのくらいかをよく見て、そこに入って勉強したらいいと思います。

入った段階では、名誉《めいよ》はあります。例えば、東大でも理Ⅲに入ったら、「天才か」と思われることはあるのですが、大学に入ると、圧倒的《あっとうてき》に文系が有利になります。文系のほうが威張《いば》っているのです。入ったときまではいいのですが、出るときになると立場がちょっと違《ちが》ってきます。

例えば、徳島大学医学部は、偏差値的《へんさちてき》に見れば、東大理Ⅲよりかなり低いのですが、医師の国家試験を百人受けたら、いつも九十九人は受かっています。ところが、東大医学部だったら、百人受けたら九十人くらいしか受からないことが多いのです。

本当は医者になりたかったわけではないけれど、勉強ができるので、とりあえず東大の理Ⅲに入ったという人で、入学後、人体解剖《かいぼう》の実習中に卒倒してしまったというような人はいっぱいいいます。医学部に入ったものの、実際は医者には向いていなかったということで、結局、塾《じゅく》などに勤めているような人も多いですね。だから、本当に医者を天職として感じるかどうかで、どの程度の犠牲《ぎせい》を払《はら》ってやれるかというのが決まると思います。

入るときの難易度が高い大学でも、医師の国家試験の合格パーセンテージをよく見てください。そうしたら、大学によって違いがあるので、難易度がそれほど高くない大学であっても、真面目に勉強すれば国家試験に受かるということが分かります。学力が違っていても、医者になるときは別の違いがあります。

もちろん、医者になって偉《えら》くなったときには、学閥《がくばつ》も関係してきます。東大医学部系、京大医学部系、慶大《けいだい》医学部系、阪大《はんだい》医学部系など、いろいろな系列があって、前任のポストが空いたら、そこに自分の後輩《こうはい》を引っ張ってくるということは、医者の世界ではけっこうあります。医者は、学閥が効いているのは事実です。

ただ、できれば、人間を扱《あつか》う仕事なので、教養もあって、人の心が分かるような、人間性に溢《あふ》れる医者になっていただきたいなとは思います。

医学部を目指すなら、英・数・理で高得点が取れること

勉強の仕方ですが、基本的には、主力の英・数・理はかなりできないといけないと思います。

これは、もう一定のレベルに上がるところまで努力するしか方法がないので、なんとも言えません。どこまで勉強が進むかにもよりますが、医学部であればどこでもいいというのなら、選択《せんたく》すれば、ある程度、受かるところは探せると思い

ます。

学閥もあるので、偏差値の高い大学に行くと有利なこともありますが、現実を見ると、本当にいい医者になる場合とそうでない場合の違いは、やはりあります。高学歴タイプの医者になればなるほど、〝汚《きたな》い仕事〟をしなくなって、監督《かんとく》みたいな感じで見ているだけで、実際には、ほかの大学の医学部を出た人がやるというケースが多いです。そういうことがあるので、高学歴だからといって名医かどうかは分からないということもあります。もちろん、器用な人もいます。

医者にも出世コースがあるので、いい大学へ行けば有利かもしれませんが、ときどき勘違《かんちが》いをしていて、医学部だけは特別な人種だと思っている人もいるので、ちょっとそのあたりは避《さ》けていただければと思います。

医学部を目指すのであれば、英・数が当然できて、国語もなんとか「平均以上」はいかなければいけません。社会はそれほど要《い》らないのでしょうが、理科が突出《とっしゅつ》していなければ、たぶん合格ラインには届かないと思うので、一定の期間でそこまで到達《とうたつ》できるかどうかですね。一、二年くらい先まで学力差がないと、医学部には入れないことが多いです。

集中力の問題もあります。浪人生の場合は、波があるので、一学期はできて二学期はできないとか、三学期ができない場合もあります。

だんだん慣らしながら、調子が上がっていくような感じの勉強の組み立て方を上手にしていくことが大事だと思います。波に乗ってくる感じです。だんだん、だんだん調子が出てくる感じで勉強をしていくと、思わぬところまでいくことがあります。マラソンと同じで、力の配分をよく考えて、上昇《じょうしょう》気流に上手に乗せていくことが大事です。

努力したら成果が出るというものを、確実に押《お》さえていくことです。

最終単位は一日一日の勉強なので、「今日は何ができた」という、一つひとつの積み上げが必要です。一カ月単位、あるいは学期単位くらいで、「このくらいはやりたい」という目標も必要だと思います。みんな似たような教材を使っているのに、差が出ます。

医学部は、職業に直接つながりやすいので、ほかの学部よりもちょっとだけ競争が厳しいのです。医学部に行けば、八十パーセントくらいの人は医者になれます。職業がいち早く決まるというところが、ほかの学部と違うところです。ほかの学部だったら、まだ職業が決まっていないので、職業がいち早く決まるために、入るのが難しいのだと考えなければなりません。

願いの力がどこまで強いか

あなたがどのあたりを狙っているのかは、訊《き》かないほうがいいかもしれないので、訊きませんが、「人の命を助ける仕事に就きたい」ということであれば、柔《じゅう》軟《なん》にいろいろな大学を受けてもよいのではないかと思います。有名な医学部に受かったとしても、なかには、すごくこの世的な人もいることはいるので、気をつけたいところです。

医学部は、どこも百人程度しか受からないので、そんなに簡単ではありません。将来、自分が医者になっている姿をありありと描《えが》く訓練をしながら、勉強を続けることが大事です。

でも、一定のところで見切りはつけないといけません。浪人をあまり長くやっても、体力も気力も萎《な》えてくることがあるので、一定の見切りは要ると思います。医学部の場合は、現役で受かるのはそう簡単ではないとは思いますが、「このくらいまで」というタイムリミットは必要でしょう。それまでに、いかに自分のコンディションを調整しながら学力を上げていくかということですね。

医者は、ものすごく体力が要る仕事です。特に、研修医などは、ほとんど寝《ね》られません。呼び出しばかりで、シャワーも入れないというくらい忙《いそが》しいのです。だから、大学に入ってからでもいいですが、体も鍛《きた》えなければいけません。

勉強の能率が落ちてきたり、勉強しても頭に入ってこないときは、体力が落ちていることが多いので、勉強の合間に少しでもいいから、体力をつける訓練をしたほうがいいでしょう。腕立《うでた》て伏《ふ》せでも、腹筋運動でも、ダンベル運動でも、縄跳《なわと》びでも、何でもいいのですが、体力を増強しないと、頭の血が回らないので、能率が落ちてきます。そのあたりは、気をつけたほうがいいと思います。

特別な秘術はありませんが、数学、英語、理科のうちの少なくとも一科目は、突出した成績が出せるところまでやらないといけないということは言えます。

あとは、あなたの願いの力がどのくらい強いかということだと思います。

両親への感謝と天命に向けての信念を持つ

ほかの人に対しても言っておきますが、浪人しているみなさんも大変だろうとは思いますが、ご両親もすごく心を痛めています。生きた心地《ここち》がしない一年、二年を送っていますので、そのことも分かってあげてください。

だから、浪人した人は、大学に受かってから、あるいは、社会人になってから、親孝行をしなければいけないと思ってくださいね。自分以上に親は心配しているものです。自分だけが戦っているのではないということを知っておいたほうがいいと思います。そのあたりが大事です。

競争社会は厳しいものですが、いち早く職業を決めようとしているのだから、その厳しさは受けて立たないといけないでしょう。ほかの人は、大学に四年間通っても、まだ職業が決まらないのが普通《ふつう》です。医者を目指すのであれば、その厳しさに耐《た》えなければいけないと思いますね。

自分を振《ふ》り返ってみて、「天命としての仕事が与《あた》えられますように」という気持ちを持つことが大事です。そういう信念を持っていれば、自然に、合理的な勉強もできるようになるのではないかと思います。

4　入試直前の追い込《こ》み勉強法

【質問】

「受験まで残り三カ月」という段階になると、相当プレッシャーがかかってくると思います。残された短期間のなかで、伸《の》びてくる人と、伸びてこない人との違《ちが》いは何でしょうか。性格やマインドが影響《えいきょう》するのか、それとも、技術的なものが影響するのでしょうか。

二〇一一年十一月十六日、法話「ミラクル受験への道」質疑応答より
東京都・幸福の科学 総合本部にて

最後は「意欲」と「体力」が決め手になる

三カ月など短期の場合は、本人の意欲もすごく効きます。「最後の一線を越《こ》えられるかどうか」というときには、「どうしても入りたい」という意欲や情熱が強いと、手が届くことがあるのです。あきらめるのが早ければ、もう、その段階で終わりなので、やはり、「意欲が強い」ということは大事です。

人間として、信念と志を持ち、「今は届かないが、なんとしてでも手が届くようにしたい」という意欲を持っている人の場合、可能性は大きいのです。一つには、それが言えると思います。

もう一つには、「体力の問題」があるでしょう。体力には限界があり、体力がない人は、バテるのが早いのです。

長時間の勉強になると、脳の疲労《ひろう》する速度に個人差が出てきます。すなわち、勉強すると痩《や》せていくタイプの人の場合、最後の追い込みのとき、脳へのブドウ糖の供給が十分ではなくて、バテてしまい、力が届かないこともあります。一方、受験を迎《むか》えると体重が増えてくるタイプの人の場合は、ブドウ糖の供給に余力があるために、長時間の学習に耐《た》えられる可能性があります。二時間しか集中できなかったのが、三時間、四時間と伸ばしていくことが可能なこともあるのです。

その意味で、体力的要因も少しあります。神経質で、ご飯が食べられず、痩せていくようなタイプだと、最後の追い込みはキツいのですが、逆に、追い込みになったら、食欲が出て、やる気が出てくるようなタイプだと、強めに判断力が出てくることがあると思います。

「写真的記憶術《きおくじゅつ》」の使い方

さらに、暗記物、特に社会などがそうですが、これについては、やらないかぎりできないので、なんとしても覚えてしまわなければいけません。覚える速度や読む速度も多少関係しますが、基本的に、これは根性です。個人差はあると思いますが、「何回くらい見たら、覚えられるか」ということなのです。

記憶術《きおくじゅつ》のなかには、「写真的記憶術」というものもあり、私は、わりにこれが強いのです。例えば、社会だと、四百から五百ページくらいの参考書がありますが、自分なりに、赤線や青線を引いたり、書き込みをしたり、黄色のマーカーを引いたりして、色絵のように塗《ぬ》り分けて何回も読んでいくと、ページ全体を、写真のように記憶できるのです。

そのため、試験問題を見たときに、「自分の参考書だったら、どのあたりかな」と考えると、そのページが写真のようにパッと目の前に浮《う》かんできて、「あそこに書いてあった」という記憶が出てくるのです。そういう感じであれば、わりに記憶を思い出しやすいでしょう。

このように、単に諳《そら》んじるだけでなく、目で見て覚える方法もあります。この力も、わりに大きいので、鍛《きた》えるとよいと思います。

参考書などを読むとき、何も線を引かない人もいるでしょうが、自分なりに色分けをして、楽しみながら読んだほうが、印象に残り、「あのあたりに書いてあったな」ということを思い出すのは楽かもしれません。

追い込み期のカードとノートには時間対効果の問題がある

もちろん、暗記のための常套《じょうとう》手段として、「単語カードを書く」「ノートを作る」「張り紙を作る」などがありますが、これらには時間対効果の問題があります。

ノートやカードをわざわざ作り直していると、参考書などを色塗りして、見て暗記する方法より、十倍、二十倍の時間がかかる場合があるのです。「時期が迫《せま》り、残り時間は短い」ということであれば、塗りつぶした参考書などを写真のようにパシッパシッと〝撮影〟し、できるだけ覚えていったほうが、時間の短縮にはなるかもしれません。

早めに取り掛《か》かり、時間がまだある場合であれば、カードのようなものをたくさん作ってもよいし、それで覚えるのが常套手段ではあると思います。しかし、カードなどを作成するのには時間がものすごくかかるため、残り時間がない場合には、あまりお勧《すす》めできないのです。

これは、読書論でも同じです。論文を書くときには、本を読みながら、要点をカードに抜《ぬ》き書きするということをよくやりますが、そうすると、普通《ふつう》に読むよりだいたい二十倍くらい時間がかかるのです。つまり、カードに書かなければ、その間に、だいたい二十冊くらいは読めるわけです。それなら、同じ本を繰《く》り返し読んだほうがよいでしょう。そのほうが覚えられるのです。

私も基本的には、その方式をとっています。私は数多くの本を読んでいますが、これらを全部ノートに取っていたら大変なことになります。そこで、「大事だ」と思う本は、繰り返し読んで覚えてしまうことにしているのです。

だいたい、三回くらい読んだあたりから、その本からの引用ができ始め、五回くらい読むと、ほぼ概要《がいよう》を覚えてしまいます。七回から十回くらい読むと、隅々《すみずみ》に至るまで覚え、文脈が言えるくらいまで頭のなかに入っています。

このように、知識を自由自在に取り出せるようになると、具体的なものを検索《けんさく》して調べなくても話せるようになるし、話したことが、そのまま本にもなるわけです。

私の場合、本を読むのが速いし、繰り返し読んで覚えてしまったほうが時間短縮になるので、そうしていますが、実際、論文などを書く場合、最初は、カードなどに抜き書きするのが普通でしょう。ただ、時間はかかります。

たっぷり時間のあるときは、オーソドックスに、カードを作ったり、英語の単語カードや張り紙を作ったり、いろいろなことをしてもよいでしょう。

しかし、最後の段階になると、一部、そういうところもあってよいでしょうが、「見て、読んで、覚えてしまう」ほうが時間的に短縮できるのです。「繰り返し読んだほうが早い場合もある」ということは知っておいたほうがよいと思います。

あとがき

とにかく「自分を鍛える」こと。自助努力と縁起《えんぎ》の理法《りほう》を信じること。その上で、信仰パワーを継続すること。結果は謙虚に受けとめ、人生の教訓とすること。さすれば受験も、単なるテクニック修得に終わらず、人生修行の一段階になるだろう。

私自身は受験を通して、人間の能力に大して差がないことを知った。うぬぼれることなく、コツコツと努力を続け、やがて集中力や構想力、企画力、提案力を高めていくことが人生の勝利の方程式であることを悟った。

苦しい日々だろうが、「努力即幸福」の境地を目指して頑張ってほしい。

二〇一三年　七月十八日

幸福《こうふく》の科学《かがく》グループ創始者兼総裁《そうししゃけんそうさい》　大川隆法《おおかわりゅうほう》

『ミラクル受験への道』大川隆法著作関連書籍

『教育の法』（幸福の科学出版刊）
『創造の法』（同右）
『教育の使命』（同右）
『幸福の科学学園の未来型教育』（同右）

ミラクル受験への道
――「志望校合格」必勝バイブル――

2013年7月30日　初版第1刷

著　者　　大《おお》川《かわ》隆《りゅう》法《ほう》

発行所　　幸福の科学出版株式会社

〒107-0052 東京都港区赤坂2丁目10番14号
TEL(03)5573-7700
http://www.irhpress.co.jp/

印刷・製本　株式会社 東京研文社

落丁・乱丁本はおとりかえいたします

ISBN978-4-86395-364-2 C0037

幸福の科学グループのご案内

宗教、教育、政治、出版などの活動を通じて、地球的ユートピアの実現を目指しています。

宗教法人　幸福の科学

一九八六年に立宗。一九九一年に宗教法人格を取得。信仰の対象は、地球系霊団の最高大霊、主エル・カンターレ。世界百カ国以上の国々に信者を持ち、全人類救済という尊い使命のもと、信者は、「愛」と「悟《さと》り」と「ユートピア建設」の教えの実践、伝道に励んでいます。

（二〇一三年七月現在）

愛

幸福の科学の「愛」とは、与える愛です。これは、仏教の慈悲《じひ》や布施《ふせ》の精神と同じことです。信者は、仏法真理をお伝えすることを通して、多くの方に幸福な人生を送っていただくための活動に励んでいます。

悟り

「悟り」とは、自らが仏の子であることを知るということです。教学《きょうがく》や精神統一によって心を磨き、智慧《ちえ》を得て悩みを解決すると共に、天使・菩薩《ぼさつ》の境地を目指し、より多くの人を救える力を身につけていきます。

ユートピア建設

私たち人間は、地上に理想世界を建設するという尊い使命を持って生まれてきています。社会の悪を押しとどめ、善を推し進めるために、信者はさまざまな活動に積極的に参加しています。

国内外の世界で貧困や災害、心の病で苦しんでいる人々に対しては、現地メンバーや支援団体と連携して、物心両面にわたり、あらゆる手段で手を差し伸べています。

年間約３万人の自殺者を減らすため、全国各地で街頭キャンペーンを展開しています。

公式サイト　www.withyou-hs.net

ヘレン・ケラーを理想として活動する、ハンディキャップを持つ方とボランティアの会です。視聴覚障害者、肢体不自由な方々に仏法真理を学んでいただくための、さまざまなサポートをしています。

公式サイト　www.helen-hs.net

INFORMATION

お近くの精舎・支部・拠点など、お問い合わせは、こちらまで！

幸福の科学サービスセンター

TEL. **03-5793-1727**（受付時間 火〜金：10〜20時／土・日：10〜18時）

宗教法人 幸福の科学 公式サイト **happy-science.jp**

政治

幸福実現党

内《ない》憂《ゆう》外《がい》患《かん》の国難に立ち向かうべく、二〇〇九年五月に幸福実現党を立党しました。創立者である大川隆法党総裁の精神的指導のもと、宗教だけでは解決できない問題に取り組み、幸福を具体化するための力になっています。

党員の機関紙
「幸福実現NEWS」

TEL 03-6441-0754
公式サイト hr-party.jp

出版 メディア 事業

幸福の科学出版

大川隆法総裁の仏法真理の書を中心に、ビジネス、自己啓発、小説など、さまざまなジャンルの書籍・雑誌を出版しています。他にも、映画事業、文学・学術発展のための振興事業、テレビ・ラジオ番組の提供など、幸福の科学文化を広げる事業を行っています。

TEL 03-5573-7700
公式サイト irhpress.co.jp

入会のご案内

あなたも、幸福の科学に集い、ほんとうの幸福を見つけてみませんか？

幸福の科学では、大川隆法総裁が説く仏法真理をもとに、
「どうすれば幸福になれるのか、また、
他の人を幸福にできるのか」を学び、実践しています。

入会

大川隆法総裁の教えを信じ、学ぼうとする方なら、どなたでも入会できます。入会された方には、『入会版「正心法語」』が授与されます。（入会の奉納は1,000円目安です）

ネットでも**入会**できます。詳しくは、下記URLへ。
happy-science.jp/joinus

三帰《さんき》誓願《せいがん》

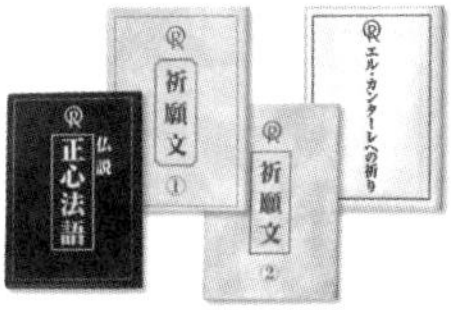

仏弟子としてさらに信仰を深めたい方は、仏・法・僧の三宝への帰依を誓う「三帰誓願式」を受けることができます。三帰誓願者には、『仏説・正心法語』『祈願文①』『祈願文②』『エル・カンターレへの祈り』が授与されます。

植福《しょくふく》の会

植福は、ユートピア建設のために、自分の富を差し出す尊い布施の行為です。布施の機会として、毎月1口1,000円からお申込みいただける、「植福の会」がございます。

「植福の会」に参加された方のうちご希望の方には、幸福の科学の小冊子（毎月1回）をお送りいたします。
詳しくは、下記の電話番号までお問い合わせください。

月刊「幸福の科学」

ザ・伝道

ヤング・ブッダ

ヘルメス・エンゼルズ

INFORMATION
幸福の科学サービスセンター
TEL. 03-5793-1727（受付時間 火～金：10～20時／土・日：10～18時）
宗教法人 幸福の科学 公式サイト **happy-science.jp**

Noblesse Oblige

幸福の科学学園

「高貴なる義務」を果たす、「真のエリート」を目指せ。

Happy Science Academy Junior and Senior High School

幸福の科学学園
中学校・高等学校（那須本校）

私は、
教育が人間を創ると
信じている一人である。
若い人たちに、
夢とロマンと、精進、
勇気の大切さを伝えたい。
この国を、全世界を、
ユートピアに変えていく力を
出してもらいたいのだ。

（幸福の科学学園 創立記念碑より）

幸福の科学学園 創立者
大川隆法

幸福の科学学園（那須本校）は、幸福の科学の教育理念のもとにつくられた、男女共学、全寮制の中学校・高等学校です。自由闊達な校風のもと、「高度な知性」と「徳育」を融合させ、社会に貢献するリーダーの養成を目指しており、2013年４月に開校３周年を迎えました。

Happy Science Academy
Kansai Junior and Senior High School

幸福の科学学園 関西中学校・高等学校

私は日本に
真のエリート校を創り、
世界の模範としたい
という気概に満ちている。
『幸福の科学学園』は、
私の『希望』であり、
『宝』でもある。
世界を変えていく、
多才かつ多彩な人材が、
今後、数限りなく
輩出されていくことだろう。
（幸福の科学学園関西校 創立記念碑より）

幸福の科学学園 創立者
大川隆法

滋賀県大津市、美しい琵琶湖の西岸にある幸福の科学学園（関西校）は、男女共学、通学も入寮も可能な中学校・高等学校です。発展・繁栄を校風とし、宗教教育や企業家教育を通して、学力と企業家精神、徳力を備えた、未来の世界に責任を持つ「世界のリーダー」を輩出することを目指します。

幸福の科学学園・教育の特色

「徳ある英才」の創造

教科「宗教」で真理を学び、行事や部活動、寮を含めた学校生活全体で実修して、ノーブレス・オブリージ（高貴なる義務）を果たす「徳ある英才」を育てていきます。

毎朝夕のお祈りの時間

天分を伸ばす「創造性教育」

教科「探究創造」で、偉人学習に力を入れると共に、日本文化や国際コミュニケーションなどの教養教育を施すことで、各自が自分の使命・理想像を発見できるよう導きます。さらに高大連携教育で、知識のみならず、知識の応用能力も磨き、企業家精神も養成します。芸術面にも力を入れます。

探究創造科発表会

一人ひとりの進度に合わせた「きめ細やかな進学指導」

熱意溢れる上質の授業をベースに、一人ひとりの強みと弱みを分析して対策を立てます。強みを伸ばす「特別講習」や、弱点を分かるところまでさかのぼって克服する「補講」や「個別指導」で、第一志望に合格する進学指導を実現します。

授業の様子

自立心と友情を育てる「寮制」

寮は、真なる自立を促し、信じ合える仲間をつくる場です。親元を離れ、団体生活を送ることで、縦・横の関係を学び、力強い自立心と友情、社会性を養います。

体育祭

幸福の科学学園の進学指導

1 英数先行型授業

受験に大切な英語と数学を特に重視。「わかる」（解法理解）まで教え、「できる」（解法応用）、「点がとれる」（スピード訓練）まで繰り返し演習しながら、高校３年間の内容を高校２年までにマスター。高校２年からの文理別科目も余裕で仕上げられる効率的学習設計です。

2 習熟度別授業

英語・数学は、中学１年から習熟度別クラス編成による授業を実施。生徒のレベルに応じてきめ細やかに指導します。各教科ごとに作成された学習計画と、合格までのロードマップに基づいて、大学受験に向けた学力強化を図ります。

3 基礎力強化の補講と個別指導

基礎レベルの強化が必要な生徒には、放課後や夕食後の時間に、英数中心の補講を実施。特に数学においては、授業の中で行われる確認テストで合格に満たない場合は、できるまで徹底した補講を行います。さらに、カフェテリアなどでの質疑対応の形で個別指導も行います。

4 長期休暇の特別講習

夏休みには全学年で夏期講習を実施。知識の定着と応用力の増強を図ります。高2からは冬期講習と春期講習も開始。特に高3の夏期講習では、文理別・志望校のレベル別に、入試傾向に合わせたきめ細かな受験指導を実施。東大・医学部を始め、国公立・私立難関大への着実な合格力を養成します。

5 幸福の科学大学（仮称・現在構想中）への進学

2015年４月開学を予定している幸福の科学大学への進学を目指す生徒には、留学用英語や専門基礎の先取りなど、実社会で役立つ学問の基礎を指導します。

授業の様子

詳しい内容、パンフレット、募集要項のお申し込みは下記まで。

幸福の科学学園 関西中学校・高等学校

〒520-0248
滋賀県大津市仰木の里東2-16-1
TEL.077-573-7774
FAX.077-573-7775
［公式サイト］
www.kansai.happy-science.ac.jp
［お問い合わせ］
info-kansai@happy-science.ac.jp

幸福の科学学園 中学校・高等学校

〒329-3434
栃木県那須郡那須町梁瀬 487-1
TEL.0287-75-7777
FAX.0287-75-7779
［公式サイト］
www.happy-science.ac.jp
［お問い合わせ］
info-js@happy-science.ac.jp

校舎棟

未来創造祈念塔

礼拝堂

仏法真理塾

サクセスNo.1

未来の菩薩を育て、仏国土ユートピアを目指す！

「サクセスNo.1」のねらいには、「仏法真理と子どもの教育面での成長とを一体化させる」ということが根本にあるのです。

大川隆法総裁　法話「『サクセスNo.1』の精神」より

仏法真理塾「サクセスNo.1」とは

宗教法人幸福の科学による信仰教育の機関です。信仰教育・徳育にウエイトを置きつつ、将来、社会人として活躍するための学力養成にも力を注いでいます。

サクセスNo.1 東京本校
（幸福の科学 戸越精舎内）

信仰教育が育む健全な心

法話拝聴や祈願、経典の学習会などを通して、仏の子としての「正しい心」を学びます。

学業修行で学力を伸ばす

忍耐力や集中力、克己心を磨き、努力によって道を拓く喜びを体得します。

法友との交流で友情を築く

塾生同士の交流も活発です。お互いに信仰の価値観を共有するなかで、深い友情が育まれます。

サクセスNo.1は全国に、本校・拠点・支部校を展開しています。

東京本校
TEL.03-5750-0747　FAX.03-5750-0737

名古屋本校
TEL.052-930-6389　FAX.052-930-6390

大阪本校
TEL.06-6271-7787　FAX.06-6271-7831

京滋本校
TEL.075-694-1777　FAX.075-661-8864

神戸本校
TEL.078-381-6227　FAX.078-381-6228

西東京本校
TEL.042-643-0722　FAX.042-643-0723

札幌本校
TEL.011-768-7734　FAX.011-768-7738

福岡本校
TEL.092-732-7200　FAX.092-732-7110

宇都宮本校
TEL.028-611-4780　FAX.028-611-4781

高松本校
TEL.087-811-2775　FAX.087-821-9177

沖縄本校
TEL.098-917-0472　FAX.098-917-0473

広島拠点
TEL.090-4913-7771

岡山拠点
TEL.090-9843-6416

北陸拠点
TEL.080-3460-3754

大宮拠点
TEL&FAX.048-778-9047

全国支部校のお問い合わせは、
サクセスNo.1 東京本校（TEL. 03-5750-0747）まで。
メール info@success.irh.jp

エンゼルプランV

1～6才の未就学児向けの楽しいお教室

「未来にはばたけ！光の子」をコンセプトとした、未就学児向けの信仰教育機関です。一人ひとりの子どもの伸びていく力を信じ、個性を大切に育みながら、豊かな情操教育を行います。また、知育・積木・体操・英語・音楽など創造性を育む楽しいプログラムがいっぱいです。

TEL 03-5750-0757　FAX 03-5750-0767
メール angel-plan-v@kofuku-no-kagaku.or.jp

ネバー・マインド

不登校の子どもたちを支援するスクール。

「ネバー・マインド」とは、幸福の科学グループの不登校児支援スクールです。「信仰教育」と「学業支援」「体力増強」を柱に、合宿をはじめとするさまざまなプログラムで、再登校へのチャレンジと、進路先の受験対策指導、生活リズムの改善、心の通う仲間づくりを応援します。

TEL 03-5750-1741　FAX 03-5750-0734
メール nevermind@happy-science.org

ユー・アー・エンゼル!(あなたは天使!)運動

障害児の不安や悩みに取り組み、ご両親を励まし、勇気づける、障害児支援のボランティア運動です。学生や経験豊富なボランティアを中心に、全国各地で、障害児向けの信仰教育を行っています。保護者向けには、交流会や、医療者・特別支援教育者による勉強会、メール相談を行っています。

TEL 03-5750-1741　FAX 03-5750-0734
メール you-are-angel@happy-science.org

シニア・プラン21

生涯反省で人生を再生・新生し、希望に満ちた生涯現役人生を生きる仏法真理道場です。週1回、開催される研修には、年齢を問わず、多くの方が参加しています。現在、全国7カ所（東京、名古屋、大阪、福岡、新潟、札幌、仙台）で開校中です。

東京校 TEL 03-6384-0778　FAX 03-6384-0779
メール senior-plan@kofuku-no-kagaku.or.jp

大川隆法 ベストセラーズ

理想の教育を目指して

□ 教育の法

信仰と実学の間で

深刻ないじめ問題の実態と解決法や、尊敬される教師の条件、親が信頼できる学校のあり方など、教育を再生させる方法が示される。

1,800円

□ 教育の使命

世界をリードする人材の輩出を

わかりやすい切り口で、幸福の科学の教育思想が語られた一書。イジメ問題や、教育荒廃に対する最終的な答えが、ここにある。

1,800円

□ 幸福の科学学園の未来型教育

「徳ある英才」の輩出を目指して

幸福の科学学園の大きな志と、実績について、創立者が那須本校と関西校の校長たちと語りあった——。未来型教育の理想がここにある。

1,400円

※表示価格は本体価格(税別)です。

大川隆法 ベストセラーズ

キラリと光る自分になる

□ 真のエリートを目指して

努力に勝る天才なし

幸福の科学学園で説かれた法話を収録。「学力を伸ばすコツ」「勉強と運動を両立させる秘訣」など、未来を拓く心構えや勉強法が満載。

1,400円

□ 知的青春のすすめ

輝く未来へのヒント

夢を叶えるには、自分をどう磨けばよいのか？「行動力をつける工夫」「高学歴女性の生き方」など、Q＆Aスタイルで分かりやすく語り明かす。

1,500円

□ 青春の原点

されど、自助努力に生きよ

英語や数学などの学問をする本当の意味や、自分も相手も幸福になる恋愛の秘訣など、セルフ・ヘルプの精神で貫かれた「青春入門」。

1,400円

□ 英語が開く「人生論」「仕事論」

知的幸福実現論

あなたの英語力が、この国の未来を救う――。国際的な視野と交渉力を身につけ、あなたの英語力を飛躍的にアップさせる秘訣が満載。

1,400円

幸福の科学出版